La rumeur du ressac
de Line Richard
est le mille cent soixante-dixième ouvrage
publié chez
VLB ÉDITEUR.

Direction littéraire : Alain-Nicolas Renaud
Couverture : Clémence Beaudoin
Mise en page : Louise Durocher
Correction d'épreuves : Emmanuel Dalmenesche

Catalogage avant publication de Bibliothèque et Archives nationales du Québec et Bibliothèque et Archives Canada

Titre : La rumeur du ressac / Line Richard
Noms : Line Richard, 1975- auteure.
Description : Roman.

ISBN : 978-2-89649-981-6

Données de catalogage complètes disponibles auprès de Bibliothèque et Archives nationales du Québec

VLB ÉDITEUR
Groupe Ville-Marie Littérature inc.★
Une société de Québecor Média
4545, rue Frontenac, 3ᵉ étage
Montréal (Québec) H2H 2R7
Tél. : 514 523-7993,
Courriel : vml@groupevml.com

DISTRIBUTEUR :
Les Messageries ADP inc.★
2315, rue de la Province
Longueuil (Québec) J4G 1G4
Tél. : 450 640-1234
Téléc. : 450 674-6237
★ filiale du Groupe Sogides inc.,
  filiale de Québecor Média inc.

VLB éditeur bénéficie du soutien de la Société de développement des entreprises culturelles du Québec (SODEC) pour son programme d'édition.
Gouvernement du Québec — Programme de crédit d'impôt pour l'édition de livres — Gestion SODEC.

Nous remercions le Conseil des arts du Canada de l'aide accordée à notre programme de publication.

Dépôt légal : 3ᵉ trimestre 2023
© VLB éditeur, 2023
Tous droits réservés pour tous pays
editionsvlb.com

LA RUMEUR
DU RESSAC

Line Richard

LA RUMEUR DU RESSAC

vlb éditeur

There are heroes in the seaweed
There are children in the morning
They are leaning out for love
And they will lean that way forever
While Suzanne holds the mirror
                    Leonard Cohen

2010

1

Montréal, juillet

Léa a dû courir pour rejoindre la voiture, fuyant la pluie violente qui s'abat sur la rue. Elle est montée à bord du côté passager, a fait tourner la clef sans allumer le moteur, avant de mettre un disque dans le lecteur CD. Elle fouille au fond d'un sac rempli de babioles, en sort une boule à neige qu'elle agite distraitement.

Les mots de Paul Simon jaillissent des haut-parleurs :
I am a rock, I am an island...

Une pluie de particules tourbillonne un moment, avant de retomber sur le Rocher Percé.

Léa essuie la vitre du revers de sa manche. Son père se tient debout sur le trottoir d'en face, les cheveux en bataille et la barbe mal taillée. Il rabat la capuche de son imperméable avant de traverser. Il porte sous le bras droit une boîte rectangulaire plaquée de bouleau blanc. Comme une parcelle de plage précieusement récoltée, serrée contre son corps.

Il dépose le coffret à côté des bagages, jette un dernier regard vers leur appartement, referme le coffre arrière. En démarrant le moteur, il avertit Léa qu'ils vont rouler longtemps.

— Longtemps, c'est combien de temps?

Il essaie de répondre, mais les mots ne viennent pas. Il cherche la bonne excuse, la bonne explication qui pourrait justifier d'amener sa fille si loin, à l'autre bout du pays, pour enterrer sa mère. Léa étire les jambes pour appuyer ses pieds contre le coffre à gants. Remet la même chanson au sujet d'un îlot qui ne ressentait rien. Elle voudrait s'endurcir pour devenir solide comme le Rocher Percé, pouvoir tenir le cap sans jamais s'effondrer, malgré l'assaut des vagues et du vent qui rend fou.

Martin change la musique, actionne les essuie-glaces et s'engage dans la rue. Les corps sont embrouillés derrière les devantures lessivées par la pluie. Les yeux de Léa s'embuent au premier mot chanté par Leonard Cohen. C'est le nom de sa mère.

Des images de Suzanne lui reviennent en mémoire. Quand elle cueillait des fleurs sur le bord des fossés. Quand elle la consolait en fredonnant doucement, de sa voix modulée, pour calmer ses angoisses. Quand elle lui souriait en se tournant vers elle. Avec ce quelque chose, comme une sollicitude, une douceur dans le regard. Une main toujours tendue pour attendre l'autobus, le train, la fin du monde.

On fait comment après?

Une percée de soleil vient chasser les nuages, dès qu'ils prennent l'autoroute. Le ciel devient bleu sombre, puis se colore de rouge sur le fil d'horizon. Martin abaisse sa vitre. Un vent chaud et humide s'infiltre dans l'habitacle. Léa regarde ses mains. Elle se sent impuissante. Sa poitrine lui fait mal. Le vent chaud lui fait mal. Le ciel rouge lui fait mal.

— On va faire quoi là-bas ?

Martin se tourne vers elle.

— On va guérir notre peine.

Il l'a dit faiblement, mais il a l'air d'y croire.

Léa détourne la tête. Le bruit sourd des voitures qu'ils croisent en continu fait remonter en elle des souvenirs de mer et de vacances d'été. Comme si c'était les vagues qui s'écrasaient près d'eux, la ramenant à Percé, un an auparavant.

Elle jouait à faire des bulles au bout de la promenade, non loin de leur hôtel. La lumière était chaude, de la couleur du miel, effleurant le Rocher en révélant ses failles, son grain rose et poreux. Les touristes affluaient un cornet à la main pour admirer la scène.

Sa mère est apparue, vêtue de shorts en jeans aux bords effilochés. Elle avait les joues rouges et semblait essoufflée d'avoir couru trop vite pour venir la rejoindre.

— J'ai une surprise pour toi !

Elle a ouvert un sac, contenant la boule à neige, dénichée au village. Léa lui a souri, avec un air gêné.

— T'as pas l'air d'aimer ça.

— Ben non, je trouve juste ça drôle !

— C'est pas supposé d'être drôle.

Léa a pris l'objet pour mieux l'examiner, avant de l'agiter pour faire voler la neige.

— J'voulais pas te faire de peine…

Sa mère s'est détournée sans lui donner de réponse.

Suzanne était comme ça. Une lumière aveuglante qui s'éteignait d'un coup. Un refuge incertain. Léa ne comprenait pas. Ne voyait pas la faille. Les mots à ne pas dire pour éviter qu'elle sombre sans raison apparente.

Elle y repense maintenant, bercée par le roulis des souvenirs qui s'estompent dans son demi-sommeil. Martin se frotte les yeux, tentant de rester alerte. En milieu de soirée, le commis d'un Couche-Tard où il s'est arrêté lui demande d'un ton las s'il voudrait une *Grande Vie*. Martin le dévisage pendant un court instant, avant de ressortir un café à la main.

Il prend une couverture sur la banquette arrière pour abriller sa fille jusque sous le menton. Il l'observe un moment, suivant l'arête du nez, la rondeur de ses joues et les petites fossettes qu'elle a au coin des lèvres. Elle a tout juste onze ans. Il doit s'occuper d'elle. L'aider à parer le coup. À survivre à sa mère.

Il remonte en voiture, fait craquer ses jointures et allume le contact. Les épinettes défilent. Une odeur de résine envahit l'habitacle. Il sent la caféine lui courir dans les veines. Appuie sur la pédale, dévore les kilomètres. Ne veut plus s'arrêter.

Des flash-backs de Suzanne, couchée sur un brancard au fond d'une ambulance, se mélangent à la nuit. Il se revoit près d'elle, attentif aux détails, au moindre signe de vie pouvant le rassurer, malgré le tube rigide inséré dans sa gorge : la pulsation d'une veine au creux de son poignet, la chaleur de sa peau, le mouvement régulier qui soulève son sternum. Il l'appelait doucement en caressant ses cheveux, lui parlait sans arrêt dans le creux de l'oreille. Ses épaules se relevaient dans un drôle de réflexe qui entraînait sa tête. Elle semblait s'agiter sitôt qu'il se taisait.

— T'avais pas le droit de faire ça, murmure-t-il pour lui-même, en serrant le volant.

Martin gare la voiture face au lac Supérieur et s'endort jusqu'à l'aube, avant de repartir sur la route en lacets. Il commence à voir double lorsqu'il coupe le moteur sous l'enseigne défraîchie d'un restaurant routier. Il fait le tour de l'auto et se penche sur Léa pour l'extraire de son siège, la prenant dans ses bras en lui soutenant la tête. Son souffle paisible et chaud lui frôle la clavicule. Elle marmonne quelques mots à travers son sommeil, qu'il essaie d'interrompre le plus doucement possible alors qu'il la dépose devant la porte d'entrée.

— Papa, on est où, là ?

Elle le suit docilement dans la salle à manger. Il choisit une banquette sévèrement élimée que le soleil inonde. Une serveuse les rejoint pour leur tendre un menu et remplir leurs verres d'eau.

— *How are you this morning?* s'enquiert-elle rapidement, avec l'accent chantant typique de l'Ontario.

Martin observe Léa, penchée sur le menu, qu'elle détaille avec soin. Elle s'appuie sur un coude, trop près de son verre d'eau. Quand elle était petite, elle l'accrochait toujours. C'était systématique. Et l'eau se répandait sur les nappes en papier, coulait sur le plancher pour former une grosse flaque. Mais elle n'est plus petite. Et Suzanne n'est plus là pour éponger le désastre avec un pâle sourire. Cette scène n'existe plus. Suzanne n'existe plus.

Léa relève les yeux :

— Tu vas prendre quoi, papa ?

— Juste un café, je pense.

— Ben voyons, faut que tu manges !

— OK, OK, des toasts.

— J'peux-tu avoir des crêpes ?

— Pourquoi tu pourrais pas ?

Ils se taisent un moment. Quelques camionneurs parlent au fond de la salle. Léa regarde son père, en semblant hésiter.

— À quoi tu penses, ma puce ?

— Je pensais à maman.

— J'y pense aussi, beaucoup.

— J'essaie d'imaginer quand elle était plus jeune.

— Vers quel âge à peu près ?

— Avant que j'vienne au monde.

— Je t'ai jamais conté, comment on s'est connus ?

— Non, jamais, dit Léa.

Martin scrute le napperon, y projetant les souvenirs dont il veut faire le tri. Léa est attentive à chacun de ses gestes, attendant qu'il raconte, qu'il lui parle de sa mère, pour qu'elle revienne en vie. Même pour un court instant.

— J'étais encore au bac quand on s'est rencontrés, le temps des fêtes approchait et je me sentais seul. Je me rappelle encore à quel point je m'emmerdais, en cherchant ma chaleur dans l'appart mal chauffé que je louais sur Berry. C'était un matin froid, mais quand même lumineux, et j'aurais eu envie qu'il se passe quelque chose d'un peu extraordinaire. Je suis parti prendre l'air sans savoir où j'allais, pour finir sur une rue que je connaissais pas. Dans la vitre d'un café, j'ai vu ta mère de dos, qui donnait un spectacle, en plein dimanche matin...

Léa est intriguée.

— J'ai eu le goût de rentrer pour voir ce qui se passait. J'ai dû jouer du coude pour me rendre au comptoir et me suis planté là. J'voyais tout le monde de dos, la tête un peu penchée, en train de l'écouter...

La voix de Martin casse, ou passe près de casser, mais il se ressaisit.

— Elle jouait *Hallelujah*, de Leonard Cohen. Je l'ai trouvé tellement belle, avec ses yeux noisette et ses cheveux châtains...

Léa, machinalement, passe une main dans les siens.

— Je suis allé la voir à la fin de son set. Je voulais juste lui dire combien j'aimais sa voix. Elle a souri tout de suite, en me donnant une bine, comme si on se connaissait depuis déjà un bout. On s'est trouvé une table pour boire des espressos en se contant nos vies. J'voyais pus le temps passer.

Après un bon deux heures, on est partis ensemble pour marcher dans les rues. Il s'est mis à neiger quand la nuit est tombée. J'ai abouti chez elle, plus ou moins par hasard – mettons que je l'ai cherché –, mais une fois dans l'entrée, je savais plus où me mettre tellement j'étais nerveux. Elle a juste pris ma main, pour me tirer vers elle, pis on s'est embrassés.

Martin laisse un sourire flotter sur son visage. Il se souvient encore de l'odeur de pivoine qui embaumait la pièce, des photos noir et blanc aimantées au frigo, du vent qui s'était levé, faisant siffler les fenêtres, et de la neige collante qui s'écrasait contre elles avec un bruit mouillé.

Ils avaient bu du rouge, assis sur le futon. Martin avait tenté de jouer de la guitare. Suzanne se tenait proche, lui montrant des accords du mieux qu'elle le pouvait, riant de ses fausses notes et de son air crispé alors qu'il s'appliquait à bien plaquer ses doigts sur les cordes en nylon. Ils s'étaient endormis à la fin de la nuit, couchés en chien de fusil.

Martin s'était levé un peu avant midi, s'extirpant du futon le plus doucement possible. Il s'était retourné pour regarder Suzanne avant de pousser la porte qui donnait sur la rue. Ça ressemblait à Noël dans les films pour enfants, avec une neige brillante qui recouvrait les arbres et le toit des voitures.

Il était revenu avec des croissants chauds et un pot de confiture. Suzanne dormait toujours, la tête sous l'oreiller. Il s'était recouché, en flairant son odeur, pour calmer la migraine qui lui serrait les tempes.

À son deuxième éveil, le futon était froid. Suzanne était partie. Il pouvait voir la trace qu'avait laissée son corps juste à côté du sien. Il manquait un croissant dans le sac en papier et un restant de café traînait au fond d'une tasse. Une note était posée sur le coin d'un napperon :

Je pense qu'on devrait se marier. Je sais pas ce que t'en dis, mais si ça te tente aussi, viens me rejoindre au Bivouac, le soir du 5 janvier. Je vais t'attendre au bar.

Martin l'avait relue une bonne douzaine de fois. Il sentait un élan, une chaleur à ses joues, un vent déraisonnable qui lui tournait autour. Le soir du rendez-vous, il l'avait retrouvée, accoudée au comptoir, les cheveux détachés. Il s'était rapproché un anneau à la main et elle avait souri, avec un air ravi, quand il s'était penché pour le lui mettre au doigt.

Ils s'étaient embrassés au milieu des clients, avant de passer la nuit à se faire payer des verres, pour finir éméchés dans le studio de Suzanne, où ils s'étaient promis, avec une voix pâteuse, de s'aimer pour la vie.

Léa se racle la gorge et fait claquer ses doigts sous le nez de son père, pour qu'il relève la tête. Il bafouille des excuses, cherche à reprendre le fil, quand la serveuse arrive, une assiette dans chaque main.

2

Les rangées d'épinettes et les arômes de tourbe accompagnent le silence du nord de l'Ontario. Puis les arbres disparaissent, laissant place à la plaine, au balancement des blés, au soleil qui s'estompe.

— Qu'est-ce qu'elle avait, maman ?

La question est sortie comme une déflagration.

Suzanne ne chantait plus depuis les derniers mois. Elle avait cessé de rire, se lovait sur elle-même, cherchait à s'effacer. Elle sortait de longues heures sans dire où elle allait. Inventait des histoires, quand Martin insistait. Tenant son rôle de mère avec difficulté, en marchant sur un fil de plus en plus ténu.

— C't'un peu dur à comprendre.

— Pourquoi tu m'expliques pas ?

— Léa, c'est compliqué.

— Papa, j'ai pas cinq ans ! Je l'sais qu'maman s'est tuée !

Martin freine brusquement. Se range sur l'accotement.

— J'suis tellement désolé.

Léa détourne la tête, s'étrangle dans un sanglot.

— Je voulais pas qu'tu penses que maman t'aimait plus. Tu le sais qu'elle t'aimait, hein, tu l'sais, ça, Léa ?

Il cherche à l'enlacer en se penchant vers elle, malgré le bras de vitesse qui lui rentre dans les côtes. Elle se calme peu à peu en se serrant contre lui. Martin expire longuement en fermant les paupières.

Léa jouait dans un camp à deux heures de la ville quand c'était arrivé. Suzanne avait fait ça sans même laisser une note. En rentrant, ce soir-là, il l'avait retrouvée au milieu du plancher, parmi les pots de pilules. Les médecins des urgences n'avaient rien pu pour elle.

Martin avait erré dans l'appartement vide jusqu'au petit matin, dans un brouillard opaque. L'autobus de Léa arrivait à 13 heures. Comment lui annoncer que sa mère était morte, le temps de son absence ? Quelle histoire inventer pour lui cacher le pire ?

Il se sentait perdu en allant la chercher au terminus Berri. Alors qu'il la ramenait vers la rue Marie-Anne, Léa, surexcitée, parlait sans s'arrêter de son séjour au camp, des blagues des moniteurs, de ses nouveaux amis. Martin, anéanti, s'efforçait de sourire. Il lui avait menti assez maladroitement en arrivant chez eux. S'accrochant au récit d'un accident cardiaque pour éviter celui d'un cœur déboulonné.

Martin reprend la route pour chercher un motel. Quand il gare la voiture, le ciel est nuageux, chargé d'humidité. Il gagne la réception, remplit un formulaire, prend la clef qu'on lui tend, ressort chercher sa fille, qui le suit vers la chambre.

Léa tombe endormie dès qu'elle touche l'oreiller. Il s'effondre à son tour, au bord du lit voisin. L'air dans la pièce est lourd, quasi irrespirable. Une suite de clignotements couvre les murs d'orangé, suivis par le tonnerre qui gronde près du motel. Martin pousse un soupir. Il prend ses cigarettes, enfile ses bottillons et s'assoit sur une chaise, sur le pas de la porte.

La pluie s'abat d'un coup, avec un bruit de billes qu'on renverse sur le sol. Martin fixe le bitume, abrité sous l'auvent, en roulant dans sa paume un briquet rose bonbon. Il en allume la flamme, qui s'éteint aussitôt, puis la rallume encore, mais la perd de nouveau. En regardant l'objet avec un air pensif, il l'actionne une fois de plus, attentif à la flamme qui oscille un moment avant d'être emportée par une nouvelle rafale.

Au début de leur histoire, la lumière de Suzanne l'a d'abord ébloui. Rien ne portait à croire que le ressort interne qui nourrissait son feu était mal calibré. Ils avaient pris la route dès leur bac terminé, descendant vers le sud quand les routes s'enneigeaient, dormant au bout des plages ou dans les stationnements. Martin jouait au gérant, décrochant pour Suzanne des contrats dans les bars ou dans les festivals. Le soir, au fond du van, quand elle lui présentait ses plus récentes compos, il chantait avec elle des bouts de mélodies, alors qu'elle continuait à chercher l'enchaînement qui accrocherait les gens dès la première écoute.

Martin se rappelle mal quand il a assisté, pour la toute première fois, à un changement d'humeur chez la femme qu'il aimait. Quand il a vu le doute s'insinuer en elle, rongeant les idéaux qu'elle essayait d'atteindre. Suzanne avait besoin de transformer le réel, de ne pas s'en contenter. Comme si elle refusait que la vie soit banale ou le monde imparfait.

Elle trouvait la beauté dans les moindres recoins, regrettant que les autres ne sachent pas regarder comme elle savait le faire. Elle cherchait la magie, vivait de synchronies, provoquant des flammèches, créant l'intensité. Elle croyait que Martin saurait combler le manque qu'elle ressentait souvent et attendait de lui un amour romantique, à la mesure du sien. Elle refusait de voir qu'il avait des défauts, des moments d'impatience, le goût d'être plate, des fois. À la fin du voyage, elle s'est mise à chanceler à la moindre remarque, la moindre contradiction, s'enfermant dans le van durant de longues périodes. Feignant la bonne humeur quand elle en ressortait.

Ils sont rentrés en ville pour le 1er juillet, dénichant le logement sur la rue Marie-Anne, en haut d'un escalier qui tournait sur lui-même contre un mur de brique rose. Martin faisait des piges de critique littéraire, tandis que Suzanne peinait à trouver des contrats. Elle est tombée sous le charme d'un chanteur de folk-rock, et a quitté Martin au début de l'hiver, pour revenir ensuite, le visage amoché et le moral à terre. Ils se sont recousus au début du printemps, d'un fil effiloché, mais qui tenait toujours.

Après cet épisode, Martin a décidé d'avoir un emploi stable, reprenant la gestion d'une librairie de quartier. Avant qu'il n'entre en poste, ils ont pris des vacances aux Queen Charlotte Islands, à l'ouest de Prince Rupert. Leur chalet surplombait une baie large et profonde, en forme de fer à cheval. Le soleil, s'attardant jusqu'à frôler minuit, ranimait peu à peu la joie de vivre en Suzanne. Ils passaient leurs journées à marcher sur la grève, à dévorer des livres calés dans leurs chaises longues, à voir le temps passer sans plus sans encombrer.

En allant faire ses courses, Martin a connu Paul dans un petit commerce de la rue principale du village de Tlell. Une odeur de vieux cuir flottait entre les murs, se mêlant aux arômes du café frais moulu qu'on servait à la caisse. Des volutes de poussière valsaient dans le rayon qui striait le plancher, alors qu'ils discutaient accoudés au comptoir. Âgé de quarante ans, Paul avait la peau mate et des yeux en amande. Québécois d'origine, il était débarqué à Queen Charlotte City quinze ans auparavant, sans billet de retour. Il avait un jardin, quelques cages à lapins et une douzaine de poules, en plus d'un labrador comme fidèle compagnon.

Martin se sentait bien en compagnie de cet homme ayant choisi l'exil et un mode de vie simple. Une assurance tranquille émanait de ses gestes et il parlait lentement, prenant le temps de réfléchir avant de s'exprimer. Mais son écoute, surtout, était extraordinaire.

Dès le lendemain matin, un pick-up déglingué montait la route de terre qui menait vers le cap. Paul en est descendu, son chien sur les talons. Martin les attendait, posté sur la galerie. Le chien battait de la queue, reniflant les fines herbes, qui séchaient dans un pot. Suzanne les a rejoints sur le seuil de la porte, coiffée d'un chapeau de paille qu'elle retenait d'une main pour qu'il ne s'envole pas. Paul a brandi des beignes dans une boîte en carton, qu'ils ont mangés ensemble, en fixant les montagnes qui plongeaient dans la baie.

Puis Paul a proposé de partir en balade pour aller voir une source bien connue des locaux. Une légende racontait qu'on ne pouvait y boire sans finir par revenir sur la terre des Haïdas. Martin lui a souri, touché par ces propos qui laissaient deviner un désir de les revoir.

Le chien les devançait sur le chemin de l'entrée, se retournant vers eux à toutes les deux secondes, avec l'air de sourire de sa gueule entrouverte. Il a grimpé d'un bond dans la boîte du pick-up, dont Paul a refermé le battant extérieur avec un geste rapide.

Ils se sont entassés sur la banquette avant, s'engageant dans la côte avec les vitres baissées, pour humer l'air salin. Sur le chemin étroit parsemé de racines, Suzanne a repéré un pygargue à tête blanche posté sur un sapin.

Paul a coupé le moteur à deux pas de la source. Un morceau de bois creux la faisait s'écouler dans un bassin d'eau claire, déjà alimenté par une petite cascade qui chantonnait doucement. Suzanne s'est déchaussée afin de s'avancer au milieu des remous, des contenants plein les bras. Elle les a déposés sur un tapis de galets, avant de se pencher, pour mettre sa main en coupe et boire à même la source. Quand Martin l'a rejointe, ils ont fait le serment, à moitié à la blague, de revenir un jour sur l'archipel rocheux, quoi que la vie leur réserve.

Martin a pris la route pour tenir leur promesse.

Léa verrait le jour près de neuf mois plus tard. Au cours de sa grossesse, Suzanne était radieuse, bercée par les hormones et par la douce symbiose qui la liait à sa fille. Avoir eu un enfant l'avait aidée à vivre pendant plusieurs années. Son besoin de merveilleux pouvait se réaliser à travers les histoires, les mondes qu'elles s'inventaient, les duos à la guitare qu'elles pratiquaient ensemble assises dans le salon, les abris qu'elles creusaient durant les mois d'hiver, pour aller s'y cacher en buvant du lait chaud. Mais dans les intervalles, dans les moments d'écart séparant ses chimères de la réalité, Suzanne sombrait, souvent. S'inquiétant des ridules qui creusaient son visage, venant même à douter de l'amour de Martin, ne trouvant plus de mots pour ses nouvelles chansons. De voir Léa grandir, prête à lui échapper, faisait chanceler Suzanne, encore plus que le reste.

Martin cherche à trouver quand s'est creusée la faille qui l'a vraiment brisée. Y a-t-il eu un moment, un point de non-retour, qui l'a poussée ailleurs, dans un espace si vaste qu'il n'y avait plus de repère, plus de moyen d'en revenir ? Qu'aurait-il fallu faire tandis qu'elle s'y perdait ?

La pluie qui bat l'auvent gagne en intensité. Le vent dessine des rides dans les mares du parking. Un drôle d'engourdissement s'est emparé de Martin, cherchant à le clouer à sa chaise en plastique. L'idée du rhum cubain resté dans la voiture parvient à le secouer. Il remonte son t-shirt et se penche vers l'avant, pour s'abriter des gouttes qui le frappent de plein fouet jusqu'à son véhicule. De retour sous l'auvent, il dévisse le bouchon de la bouteille de rhum, avale une grande lampée, en savoure la chaleur. La pluie devient plus faible, traçant des pointillés de moins en moins visibles, alors qu'il s'assoupit.

Une lueur jaune safran lui fait rouvrir les yeux. Il demeure immobile pour voir le ciel pâlir et le soleil monter, faisant briller l'asphalte et le vert des céréales.

3

Martin repasse la porte et s'assoit sur son lit. Il ressent abruptement la fatigue de la route, et l'accumulation de ces nuits sans sommeil qui lui brouille les neurones. Ses épaules sont si lourdes qu'il peut imaginer qu'en retournant la tête, il trouverait quelqu'un en train d'appuyer dessus.

En regardant Léa qui dort profondément, il commence à douter des raisons de sa fuite. Il voit la clef dorée déposée près du lit et l'envie de rester au milieu des prairies, ne serait-ce qu'une autre nuit, lui paraît attrayante. Il se redresse lentement, se dirige vers la fenêtre et la fait coulisser pour aérer la chambre. Une odeur de crottin, qui lui pique les narines, le pousse à ressortir.

La réception est vide quand il y met les pieds. Il se sert un café dans le distributeur en regardant sa montre.

— Est-ce qu'on peut vous aider?

Il sursaute légèrement et pivote sur lui-même. La fille qui l'interpelle a les cheveux vert lime, coupés droits, au carré, et un regard curieux. Son polo est brodé aux couleurs du motel et son prénom, Emmy, est inscrit sur son badge. Elle a l'air d'une gamine, mais les plis à son front font penser à Martin qu'elle a plus de vingt-cinq ans.

— On va reprendre la chambre. La numéro 17.

La jeune fille hoche la tête, mordillant son crayon.

— Vous aimez les énigmes ?

— Comment ? demande Martin.

— J'essaie d'en résoudre une... Regardez ! ajoute-t-elle, en lui montrant son livre.

Martin y jette un œil, mais son esprit confus n'arrive pas à trouver la moindre piste de réponse.

— J'ai pas beaucoup dormi...

— Oh pardon ! répond-elle. Je peux faire autre chose ?

Il hésite un instant.

— Y aurait-il un endroit où on peut voir des chevaux ?

Emmy lève un sourcil.

— Vous voulez voir... des chevaux ?

Martin se racle la gorge.

— Oui, ce serait pour ma fille. On fait la route ensemble. Elle aime beaucoup les chevaux.

Emmy le considère, comme une nouvelle énigme. Elle remarque son air trouble, son corps un peu voûté, la barbe qui mange ses joues. Martin tente un sourire.

— J'ai l'air si fripé que ça ?

Emmy secoue la tête, cherchant à se reprendre.

— Non, ça va, je vous assure ! Je pense que je peux vous aider. Ce serait pour aujourd'hui ?

— Ce matin, si possible...

Emmy annonce qu'elle-même fait de l'équitation et que son oncle, Ryan, qui vit à deux pas de là, possède une écurie. Elle prend le téléphone et se met à parler avec animation. Au moment de raccrocher, elle pointe une direction et indique à Martin comment trouver l'endroit.

— Il dit qu'il vous attend, conclut-elle, souriante.

Léa rêve de la mer. Elle marche derrière Suzanne sur une longue plage de sable. Sa mère porte une robe courte, ses cheveux sont relevés, et à chacun de ses pas une vague vient s'écraser en lui couvrant les chevilles. Léa a beau marcher, elle ne peut la rejoindre, comme si l'espace entre elles ne faisait que s'étirer. Suzanne détache ses cheveux et elle plonge sous les vagues pour ne refaire surface que très loin vers le large. Léa tente de l'appeler, mais son cri est muet.

Suzanne ressort de l'eau et se couche sur le ventre. Léa approche la main pour lui toucher la nuque, quand elle est éblouie par une lumière intense.

Elle pousse un gémissement en remontant le drap pour se cacher les yeux. Martin referme la porte. Il ôte ses bottillons, s'allonge près de sa fille. Léa appuie la tête dans le creux de son aisselle, murmure entre ses dents qu'elle veut rester au lit.

— Je t'ai pris un muffin.

Il tend la pâtisserie enveloppée de cellophane, alors qu'elle se redresse en se tenant sur un coude. Elle retire l'emballage avec une moue méfiante, prélève un bout de pâte qui lui colle sur les doigts, l'avale en grimaçant.

— Ça goûte un peu dégueu.

— C'est tout c'que j'ai trouvé.

Martin laisse un silence, avant de lui faire part de la nouvelle du jour. Elle saute du lit d'un bond.

— Y'a des chevaux par ici !?

Léa tape dans ses mains, fouille au fond de sa valise, en ressort un t-shirt avec un short kaki et court dans les toilettes, pour revenir aussitôt.

— J'suis prête, p'pa, on y va ?

Ils marchent sur la chaussée de la route nationale. Léa regarde l'avoine froissée par le vent tiède et les silos à grains qui dominent le vallon. Le ciel est tellement vaste qu'à chacun de ses pas, elle ressent l'impression que l'horizon recule pour mieux les avaler.

Ils distinguent des chevaux dans un parc clôturé, à deux pas d'une maison surmontée de lucarnes. Un homme sort de la grange, au bout du chemin d'entrée, une chaudière à la main. Il a roulé les manches de sa chemise en jean et porte une vieille casquette des Rangers de New York. Sa grosse barbe grisonnante lui couvre toute la poitrine. À l'approche de Léa, son regard s'illumine :

— *Hello there, I'm Ryan ! Wanna feed the horses ?*

La chaudière de Ryan est remplie à ras bord de Spartans déclassées. Léa le suit de près en marchant vers l'enclos. Trois chevaux lèvent la tête au claquement du loquet annonçant leur venue. L'un d'eux s'ébroue doucement. Un étalon foncé, que l'homme appelle Quiet, avance droit vers Léa. Elle lui présente une pomme qu'il fait mine de sentir, écartant ses lèvres molles dans un drôle de rictus pour n'en faire qu'une bouchée. Léa retire sa main, de peur de perdre un doigt entre ses dents coupantes à l'émail dégradé.

L'étalon penche la tête en lui flairant les cheveux alors qu'elle se rapproche pour enserrer son cou. Ça sent le foin coupé, le crottin, le soleil, le ciel démesuré aux petits nuages pâles, le vent dans l'herbe haute et les matins brumeux. Elle garde la main posée sur l'épaule du cheval, colle son front sur le sien et, l'espace d'un instant, elle se sent enveloppée par une grande bienveillance qui tend à l'apaiser.

L'étalon se détache, la repoussant doucement. Il a vu le seau de pommes déposé sur le sol et fait un pas de côté pour y mettre le museau.

— *Come on, boy!* lance Ryan en lui bloquant la voie.

Léa se met à rire, imitée par Martin.

Ils ressortent de l'enclos et se tournent vers les bêtes, comme pour les saluer. Le fermier les invite à manger des tartines en compagnie de sa mère, qui adore la visite. Martin le remercie, touché par son accueil.

Sitôt qu'ils passent le seuil du foyer de Ryan, une odeur de framboises monte au nez de Léa. Les tablettes à l'entrée débordent de pots Mason remplis de confitures, de légumes marinés, de sauces à spaghetti et de compote de pommes. Le parquet de la cuisine descend en une pente douce jusqu'au mur opposé. C'est une maison centenaire, avec des plafonds bas, des murs couverts de lattes qu'on a peintes en rose pâle, un solage affaissé.

Une vieille dame est penchée devant la cuisinière. Ses cheveux sont relevés en un chignon serré. Elle agite une cuillère au fond d'un gros chaudron. Quand Ryan l'interpelle, elle se retourne lentement, cherchant les visiteurs derrière ses cataractes. Elle s'appuie sur les chaises, pour garder l'équilibre, s'arrête près de Léa.

— Ah! C'est toi, la petite fille! Puis-je toucher ton visage?

Léa fait signe que oui, avant de fermer les yeux, alors que la vieille dame fait courir ses mains douces pour deviner ses traits.

— Je m'appelle Dawn, et toi?

Léa lui dit son nom, puis lui présente Martin, qui se montre enchanté de faire sa connaissance. Ryan éteint le rond où bout la confiture, en avisant sa mère qu'il va faire le service. Il sort du pain de ménage du réfrigérateur. Dawn, Léa et Martin prennent place à la grande table couverte d'une toile cirée.

— Qui t'a appris l'anglais? demande Dawn à Léa.

— Ma mère était bilingue.

— Elle… était, répète Dawn.

Léa regarde ses mains, en mordillant sa lèvre.

— Je m'excuse, ma chérie. Je vois bien que tu as de la peine.

— Beaucoup, répond Léa.

Dawn regarde un point vague, en quête de ses souvenirs.

— Moi aussi, j'étais jeune quand j'ai perdu ma mère. C'était en Angleterre, durant la deuxième guerre. Mon père s'est remarié avec une Canadienne. On est venus ici.

Ryan marche vers la table avec le pain grillé et la confiture chaude, qu'il a mise dans un bol. Il leur tend des assiettes et des couteaux à beurre.

— Ça ira? demande-t-il, s'adressant à Martin.

Martin opine du chef, en cherchant à comprendre si l'homme parle de sa fille ou de la confiture. Léa tartine sa toast. Son visage s'illumine dès la première bouchée. À la fin du goûter, Dawn demande à son fils d'aller prendre ses albums dans l'armoire du salon. Elle commente les photos que lui décrit Léa, présentant sa famille en contant son histoire. Ryan reprend le fil quand sa mère s'assoupit en plein milieu d'une phrase.

— On a eu le centre équestre quand j'avais quatorze ans. Mon père avait ses chevaux, plusieurs autres en pension, et il donnait des cours. J'ai repris l'écurie un peu après sa mort. Emmy montait à cheval avant de savoir marcher!

Léa la voit petite, installée sur une selle, devant une botte de foin. Elle a les cheveux blonds et sourit à pleines dents sous son chapeau de cow-boy.

Dawn tressaille légèrement au bruit de la cafetière qui crachote sur le rond. Elle regarde autour d'elle avec l'air étonné, semble reconnaître Léa et lui fait un sourire.

— J'ai quelque chose pour toi.

Elle fouille dans la grande poche de son tablier gris, en sort une améthyste qu'elle dépose dans la paume de sa jeune visiteuse. Léa referme la main sur les cristaux violets aux contours acérés et ressent aussitôt une sorte de soulagement.

4

Martin passe sous la douche dès qu'ils rentrent au motel. En se séchant les cheveux, il se regarde longuement, posté devant la glace de l'étroite salle de bain. Sous le néon blafard, il remarque ses yeux creux et les poils hérissés qui lui mangent le visage. Il s'empare d'un ciseau pour couper les plus longs, poursuit avec un Bic et de l'eau savonneuse. À mesure qu'il se rase, il redécouvre ses joues, son menton arrondi, la fine ligne de ses lèvres.

— Papa, c'est donc ben long! J'ai full envie de pipi!

Les coups contre la porte font tressaillir Martin, qui fait un faux mouvement et s'entaille la joue droite. Son visage se déforme sous l'effet de la surprise, alors qu'il pose l'index sur la goutte de sang frais. Il enfile un t-shirt et un jean délavé, passe un coup de peigne rapide dans ses fins cheveux noirs. En le voyant sortir, Léa siffle entre ses dents d'un air admiratif, le contourne rapidement, puis fonce vers la toilette.

À travers la cloison, Martin lui fait savoir qu'il sort quelques minutes. Il se rend à l'accueil, pensant y voir Emmy, qu'il voudrait remercier. La jeune fille n'est plus là. Un grand adolescent, avec un visage blême ravagé par l'acné, tient maintenant le comptoir.

— Est-ce que je peux vous aider ?

Martin ouvre grand la bouche avant d'improviser qu'il vient se prendre un café. Le jeune homme hoche la tête puis saisit la souris posée près de sa main et la pousse distraitement en fixant son écran. Martin prend son gobelet dans la distributrice, remercie le commis et retourne vers sa chambre.

Léa vient de tomber sur un poste francophone qui joue *Elvis Gratton*. Il s'écrase avec elle contre les oreillers, pour regarder la scène où Elvis, près de Linda sur une plage en Floride, essaie péniblement d'ouvrir sa chaise pliante. Le drapeau canadien en guise de maillot de bain, il se retrouve coincé dans la structure en bois. « Qu'a mange d'la marde, ostie ! » finit-il par crier, en lançant la chaise longue. À ce moment précis, Martin se met à rire, sans pouvoir s'arrêter.

D'un rire libérateur, soudain, inattendu.

— Voyons, c'est même pas drôle ! dit Léa sans comprendre.

Plus elle a l'air perplexe, plus Martin devient rouge, incapable d'arrêter. Prise par la contagion, Léa s'esclaffe aussi et ils se tiennent les côtes, les yeux mouillés de larmes.

— Maudit, ç'a pas d'allure ! lâche Martin, dans un souffle, cherchant à se ressaisir.

Mais dès la scène suivante, il repart de plus belle.

De voir son père comme ça fait du bien à Léa. Elle sent une vie possible qui pourrait s'installer pour prendre la place d'une autre, où sa mère existait. Elle n'y aurait pas cru, deux jours auparavant.

Martin étire le bras pour atteindre les brochures posées sur la commode. Il y jette un coup d'œil.

— Tu voudrais manger où? demande-t-il à Léa.

Elle lui pointe une image où l'on voit des tacos et des quésadillas.

Martin ferme la télé et attrape un chandail. Le soleil est plus bas au bout du stationnement. On entend des oiseaux en train de gazouiller, perchés sur les roseaux qui se balancent doucement en bordure de la route. L'odeur du mélilot est poussée par la brise. Martin regarde Léa qui marche sur le bitume à quelques pas devant lui. Elle a mis des shorts courts et ses jambes effilées paraissent démesurées par rapport à son corps. Un peu comme celles d'un chiot ayant grandi trop vite.

Le resto mexicain est coincé entre une banque et une station-service, sur la rue principale du petit centre-ville, qu'ils ont vite fait d'atteindre. Installés près de la fenêtre, ils commandent des breuvages et un plat de nachos à la grande serveuse blonde coiffée d'un sombrero. Un cactus en néon clignote en continu derrière le long comptoir qui trône au fond de la salle, et des airs latinos s'échappent des haut-parleurs accrochés au plafond.

Martin parle à Léa d'un voyage au Mexique qu'il avait fait plus jeune. Des chansons populaires qu'on entendait partout, des vendeurs ambulants qui montaient dans les bus à chacun des arrêts, des chiens maigres et galeux qui flairaient les restants sous les tables des cantines et qu'on laissait entrer comme de vieilles connaissances.

Léa l'écoute longuement sans jamais l'interrompre. Le ciel devient doré, et, le temps d'un instant, la lumière glisse sur elle, pour éclairer son bras, puis la moitié de son corps jusqu'à l'arête du nez. C'est à ce moment précis que Martin s'aperçoit qu'elle ressemble à Suzanne de manière saisissante. Dans la façon qu'elle a de se tenir penchée, comme pour lire sur ses lèvres.

La serveuse revient vite avec une pinte de bière et une grande limonade. Léa est enchantée de croquer la cerise piquée d'un bâtonnet, avant de poser les lèvres sur le sucre granulé qui orne le bord du verre.

Martin regarde la rue avec un air distrait. Reconnaissant Emmy sur le bord du trottoir, il se lève de sa chaise et frappe contre la vitre. La jeune fille le remarque et lui envoie la main. Il l'incite à rentrer en faisant de grands gestes. Elle se dirige vers eux en relevant la courroie d'un énorme sac à main qui lui glisse de l'épaule. Un haussement de sourcils montre qu'elle note le changement dans l'allure de Martin.

— J'ai trouvé la réponse ! lance-t-elle sans préambule. La réponse à l'énigme ! Le gars s'appelle Andrew.

— Andrew ? répète Martin.

— Mais oui ! C'est vraiment simple ! *I met a man AND DREW his name…*

Martin se gratte la tête. La jeune femme lui sourit et se tourne vers Léa, en lui tendant la main. Léa, qui la détaille d'un air admiratif, tend la main à son tour, avant de l'inviter à manger avec eux. Emmy s'assoit à table sans se laisser prier, examinant le menu qu'elle commente à voix haute, en se rongeant les ongles.

— Je peux te dire un secret? demande Emmy, complice, se penchant vers Léa. Quand j'étais une ado, c'est Quiet que je montais.

Léa se fait conter les prouesses du vieux cheval, les médailles remportées dans les compétions et le voyage dans l'Ouest qu'avait gagné Emmy grâce à son compagnon. La jeune femme gesticule en lui parlant de Banff: ses sommets enneigés, son magasin de bonbons, les wapitis croisés dans la cour de l'hôtel. Léa est fascinée. Elle demande à Martin s'ils passeront par là au cours de leur voyage. Le voyant hésiter, elle trébuche à nouveau sur la réalité, et ses yeux s'obscurcissent.

— Ça va? demande Emmy.

Léa fait signe que oui en se levant de table.

— Faut que j'aille aux toilettes.

— Attends, lui dit Martin, se levant avec elle.

Emmy les suit des yeux. À l'entrée des toilettes, Martin plie les genoux pour faire face à sa fille. Le visage de Léa, d'abord décomposé, se détend peu à peu à mesure qu'il lui parle. Il lui tapote l'épaule, avant qu'elle disparaisse derrière la porte battante.

Martin revient à table, devançant la serveuse, qui apporte leurs assiettes. Emmy joue dans son verre avec son bâtonnet.

— Excuse-nous, lui dit-il, on vit une mauvaise passe.

— Je vois bien qu'il manque quelqu'un.
— Perspicace, dit Martin avec un pâle sourire.

Il balbutie un peu en cherchant à nommer ce qui les a brisés, ce qui les pousse vers l'ouest, ce qu'ils tentent de sauver. Les éclats de bonheur récoltés au passage, l'odeur du foin coupé dans l'enclos des chevaux, l'expression de Léa devant les confitures. Et les changements d'humeur qui les rattrapent sans cesse, comme autant de secousses toujours inattendues. Emmy l'écoute parler avec grande attention. Elle intervient très peu, mais il la sent présente dans ses hochements de tête.

Quand Léa les retrouve, elle paraît mal à l'aise. Martin, assis près d'elle, lui entoure les épaules.

— Je vous raconte une blague ? demande alors Emmy, avec l'air malicieux. C'est une blague en français…

Elle articule alors, avec un fort accent :

— Que font les brosses à dents durant les jours de fête ?

— On sait pas, dit Martin.

— Des feux dentifrice !

Léa éclate de rire, soudainement moins honteuse de son emportement. Emmy raconte alors qu'une amie québécoise a dû lui expliquer durant une bonne demi-heure le sens du jeu de mots. Elle continue de parler avec excitation pour divertir Léa, tout en l'interrogeant sur différents sujets.

Au moment de se quitter, ils se font l'accolade sur le pas de la porte. Emmy passe une main fraîche comme un vent printanier dans les cheveux de Léa.

5

Martin n'a pas sommeil en rentrant au motel, ni le goût d'y rester pour y passer la nuit. Léa s'est endormie sur le siège passager. Il gare son véhicule devant la réception, va y régler sa note et retourne dans leur chambre pour chercher leurs bagages.

En inspectant la pièce, il voit la boule à neige oubliée sur un meuble. Il la soulève doucement, avant de la secouer avec un air songeur.

Le soir tombait lentement sur le Rocher Percé. Léa faisait des bulles sur la promenade en bois, non loin de leur hôtel. Suzanne est apparue, interpellant sa fille, lui montrant le cadeau qu'elle voulait lui offrir. Léa lui a souri avec un air gêné en voyant le bibelot. Pour consoler sa mère, qui paraissait blessée, elle s'est serrée contre elle en lui prenant la taille. Elles ont marché ensemble en direction du quai, pour retrouver Martin, parti mouiller sa ligne en fin d'après-midi.

Leurs pas foulaient les planches de la plate-forme étroite, construite à même la berge. Celle au bord de laquelle la Maison du pêcheur s'élevait trop près de l'eau, le Café de l'Atlantique niché au rez-de-chaussée rappelant un bateau, surtout les jours de pluie, quand ses vitres lessivées se perdaient dans la brume. Celle d'avant la tempête, le puissant raz-de-marée qui viendrait tout réduire en piles de planches brisées, amoncelées çà et là. Celle que Suzanne aimait et qu'elle ne verrait plus.

Elles croisaient des familles, des hommes à la panse ronde, vêtus de bermudas et de polos pastel, des femmes aux yeux cernés qui poussaient des landaus. Certaines devaient courir pour rattraper l'aîné, parti à l'aventure entre les jambes bronzées entravant son parcours.

Une fois au bout du quai, elles ont cherché longtemps où se trouvait Martin. Une poignée de pêcheurs lançaient leur ligne à l'eau. Des poissons frétillaient, en se tapant la tête sur le grain du ciment, avant qu'on les empoigne pour retirer l'hameçon qui leur trouait la gueule. Suzanne se rapprochait pour regarder les prises, jeter un œil aux gens, s'enquérir de Martin, tentant de le décrire du mieux qu'elle le pouvait.

— Ben oui, je l'ai croisé ! s'est exclamé un homme, en remontant sa ligne. Y'est parti par là-bas, y'a une couple de minutes.

Il leur pointait la grève, à la jonction du quai.

Les teintes chaudes du soleil laissaient place au bleu sombre qui vient avant la nuit. Elles ont rejoint la plage où quelques rares familles traînaient encore un peu. Des enfants s'amusaient à s'approcher des vagues, avant de reculer à la dernière seconde en poussant de grands cris. Martin était assis en compagnie d'une femme qu'elles ne connaissaient pas. Dès qu'elle a vu son père, Léa a eu envie de s'élancer vers lui, mais Suzanne l'a retenue en lui prenant le bras.

La femme avait l'air grande, mais on la voyait mal dans le jour déclinant. Elle se tenait assise avec les jambes croisées. Martin gardait les siennes à demi repliées, s'appuyant sur le sol, les bras derrière le dos. Sa tête était penchée vers l'appareil photo que tenait l'inconnue, lui montrant des images sur l'écran lumineux, qu'il semblait commenter avec animation. Il arrivait parfois que leurs épaules se touchent, ce qui troublait Suzanne, lui donnant l'impression qu'elle perdait du terrain. Elle sentait une chaleur passer entre leurs corps, quelque chose de palpable qu'elle n'avait jamais vu entre Martin et une autre. Tout en les observant, elle a senti les crocs d'une petite bête sauvage lui mordre un ventricule.

Léa se demandait pourquoi elles restaient là, à regarder son père, au lieu d'aller le rejoindre. Elle s'est mise à marcher, en entraînant sa mère.

Quand Martin les a vues, il a levé la main, avec un air coupable. Il voyait un reproche dans les yeux de Suzanne. Était-elle contrariée de ne pas l'avoir trouvé à leur point de rencontre? Il parlait rapidement, cherchant à s'excuser, expliquant tant bien que mal que l'envie l'avait pris de rester sur la plage pour le coucher de soleil.

— C'est là que j'ai vu Nadine! a-t-il fini par dire en montrant l'inconnue qui se levait à son tour. C'est une amie de cégep… On travaillait ensemble au journal étudiant. Le monde est petit, pareil!

Nadine s'est approchée et a tendu la main en direction de Suzanne, qui l'a serrée mollement.

— Salut, a dit Suzanne, en forçant un sourire. T'habites aussi Montréal ?

— Non, je vis à Paris. J'étais venue au Québec pour un programme d'études. Je suis rentrée en France, mais j'aime beaucoup revenir, quand j'en ai l'occasion.

— Nadine est photographe, a précisé Martin. Elle a fait des photos vraiment impressionnantes de l'île Bonaventure. T'aimerais peut-être les voir ?

Suzanne a accepté, sans trop d'enthousiasme. Elle faisait des efforts pour avoir l'air aimable. Ce n'était pas son genre de se laisser abattre en présence d'une autre femme – ou de n'importe qui d'autre. Consciente de son charisme, elle prenait le plancher pour être plus flamboyante, attirer l'attention autour de sa personne. Mais à ce moment-là, la petite bête sauvage qui se lovait en elle pour lui enlever ses forces semblait indélogeable.

Martin a fait deux pas pour ouvrir la glacière où gisaient les maquereaux qu'il venait de vider. Ils avaient des yeux ronds dépourvus de paupières, des corps bleu argenté avec des zébrures noires qui fascinaient Léa.

— On pourrait faire un feu, pis les faire cuire dessus ? Hein, maman, ça te tenterait ?

Suzanne a acquiescé avec un air distrait.

— On dirait pas que ça te tente…

Léa a dit ces mots sans comprendre le malaise qui s'était installé entre les trois adultes. Nadine voulait être sûre de ne pas les gêner, mais Martin insistait pour qu'elle reste avec eux.

Ils ont marché ensemble jusqu'au bout de la plage, en ramassant du bois sur la ligne des marées, avant de monter leur feu à l'abri de la falaise. Léa s'est accroupie pour craquer l'allumette dans un nid de brindilles. Martin traînait une grille qu'il avait dénichée dans un surplus d'armée. Nadine, de son côté, a sorti les salades et la bouteille de vin qu'elle venait d'acheter sur la rue principale. L'obscurité tombait, alors qu'ils s'activaient sous un croissant de lune, dans le bruit sourd des vagues.

Léa s'est enveloppée dans une grosse couverture, pour regarder le feu. Elle aimait voir les flammes qui dévoraient le bois dans un crépitement sec, les petites étincelles qui montaient dans la nuit, la lueur orangée qui éclairait son père.

En observant Suzanne, demeurée à l'écart et qui lui semblait triste, elle continuait de croire que c'était par sa faute. Qu'elle avait été snob en voyant son cadeau.

Le bois s'est consumé pendant un long moment avant de faire la braise dont ils avaient besoin pour griller les poissons. Nadine parlait sans cesse. Elle racontait sa vie, interrogeant Martin sur une tonne de sujets, ravivant des souvenirs de leur année de cégep, les faisant rire aux larmes.

Léa les écoutait en détaillant Nadine. La Française l'intriguait avec son drôle d'accent et sa voix théâtrale qui résonnait dans l'air. Elle avait des fossettes qui lui donnaient du charme et sa chevelure rousse lui tombait en grandes boucles jusqu'au milieu du dos.

En plaçant les maquereaux sur la grille de camping, Martin s'est retourné pour regarder Suzanne. Elle restait dans son coin, à trier des galets qu'elle assemblait ensuite pour faire des personnages. Il a tenté, en vain, de capter son regard, mais la voix de Nadine l'a ramené ailleurs avant qu'il n'y parvienne.

Une fois le poisson cuit, Suzanne s'est approchée pour manger avec eux. Même si elle parlait peu, elle semblait attentive à la conversation et elle y prenait part de façon sporadique.

— Bon, j'pense que je vais y aller, a-t-elle fini par dire. Y commence à être tard. Est-ce que tu viens, Léa ?

— Ah non, maman ! Déjà ?

— Je vais la ramener tantôt, a dit Martin, doucement. On sera là dans pas long.

— J'vais pas tarder non plus, a renchéri Nadine. Il faut que je bosse demain…

Suzanne a opiné avec un air distant. Martin s'est approché alors qu'elle se levait pour rassembler ses choses. Il lui a pris la taille, en l'attirant vers lui.

— Je t'aime, a-t-il soufflé.

Mais elle se tenait raide et n'a rien répondu.

Une fois Suzanne partie, Nadine s'est inquiétée de l'avoir embêtée. Martin a pris son temps avant de lui répondre qu'elle n'y était pour rien. Les yeux rivés aux flammes, ils ont parlé encore durant une bonne demi-heure. Nadine en avait marre de sa vie à Paris. Elle faisait des démarches pour revenir au Québec dès le printemps suivant. Martin, enthousiaste, a proposé son aide pour le déménagement, si ses plans fonctionnaient. Il a noté pour elle le nom de son commerce et son adresse courriel. Ils se sont fait la bise avant de se quitter. Léa dormait en boule au bord du feu éteint. Martin l'a réveillée en lui secouant l'épaule avec délicatesse.

En regagnant leur chambre, ils ont trouvé Suzanne assise sur le balcon qui surplombait la mer. Elle avait revêtu un gros chandail de laine et buvait du vin blanc dans un verre en plastique. Léa l'a embrassée avant d'aller au lit. Parce que l'air était lourd, elle a laissé une fente dans la porte coulissante. Ses parents discutaient derrière l'épais rideau. Elle pouvait les entendre se parler à mi-voix. Des bribes lui parvenaient à travers le brouillard qui mène vers le sommeil. Des reproches de sa mère à propos de Nadine, puis la voix de son père, montant soudain d'un cran : « Heille, j'pense que ça va faire ! Moi, j't'ai jamais trompée… Pis c'est qui qui t'ramasse quand tu pars sur une chire ? ». « On dirait que tu m'aimes plus. » a semblé dire Suzanne avec une petite voix. Mais les mots s'envolaient dans l'esprit de Léa, qui rêvait aux oiseaux de l'île Bonaventure.

✤

Martin regarde la neige retomber dans la boule. Léa lui apparaît sur la plage de Percé. Elle la tient à la main en s'avançant vers lui. Des souvenirs enfouis remontent à la surface : le crépitement du feu, la voix grave de Nadine, l'humeur sombre de Suzanne avant leur engueulade.

Quelque chose en Suzanne avait semblé s'éteindre en présence de Nadine. Comme si la dépression qui viendrait l'engloutir à peine un an plus tard avait commencé là, sur la plage de galets. Martin était heureux de revoir son amie. Il n'avait pas voulu que Suzanne les sépare. N'avait pas eu envie de jouer au sauveur ou de la consoler. Comme si le fil tendu venait de se briser après douze ans d'usure. Peut-être que c'était vrai qu'il l'aimait un peu moins, alors qu'il s'emportait.

Pis c'est qui qui t'ramasse quand tu pars sur une chire ?

Les mots résonnent encore comme il prend les bagages rassemblés à ses pieds. Il marche vers la voiture, y dépose les valises, puis sort une cigarette, qu'il coince entre ses lèvres. Appuyé au pare-chocs de la vieille Corolla, il regarde les volutes qui montent vers les étoiles. L'odeur du mélilot, légèrement vanillée, flotte encore dans la brise. Il tente de faire le vide en inspirant longuement.

Mais la voix de Suzanne ressurgit dans sa tête : « *C'était ta blonde ou quoi ?* » Martin jette son mégot, l'écrase sous son talon en lâchant un râle sourd, comme pour sortir de lui le souvenir qui l'assaille. Repenser à Nadine lui embrouille les neurones, pour de nombreuses raisons qu'il essaie d'oublier.

Il monte dans la voiture et s'éloigne du motel. La lune éclaire la route qui s'étale devant lui comme un long ruban gris, coupant la plaine en deux. Il peut voir les montagnes qui se dessinent au loin. Comme un dernier rempart avant d'atteindre la côte, et le murmure des vagues qui semblent l'interpeller.

6

Il est passé midi quand Martin gare l'auto en face d'un belvédère qui donne sur les Rocheuses. Dès qu'il coupe le contact, sa tête roule sur le siège et il tombe endormi.

À peine une heure plus tard, Léa ouvre les paupières, complètement assommée. Il lui faut un moment pour trouver ses repères. Elle se demande d'abord pourquoi elle se trouve là, et non plus au motel. Mais devant le spectacle qui s'étale sous ses yeux, elle sent l'excitation en train de la gagner. Elle se tourne vers Martin, qui dort la bouche ouverte.

— Papa ! As-tu vu ça ?

Même quand elle le secoue, il ne bouge pas d'un poil.

Elle sort de la voiture et grimpe sur le capot chauffé par le soleil. Elle retire ses sandales, fait bouger ses orteils en allongeant les jambes. Ses yeux sont éblouis par la neige des sommets. Quand Martin se réveille, il ne voit que son dos et ses longs cheveux pâles encadrés par ses bras. Il se redresse lentement en se massant la nuque, les membres endoloris, puis s'extirpe de son siège pour aller la rejoindre.

— Ben là, t'es pas fâché ?
— Pourquoi je serais fâché ?

— Me semble que j'ai pas le droit de m'asseoir sur le capot.

— J'ai pas le droit, moi non plus, répond-il en grimpant.

Léa aime son sourire et ses petits yeux clairs. Elle sourit à son tour, en pointant les montagnes.

— Regarde la neige, en haut !

— C'est les neiges éternelles.

— Parce que ça fond jamais ?

— Ça fond, mais ça reste tard. Jusqu'au milieu de l'été.

Léa prend un moment, avant de renchérir.

— Tu t'souviens, la chanson qu'maman m'avait apprise ? Ça parlait d'une montagne recouverte par la neige…

— As-tu le goût de la chanter ?

— J'disais pas ça pour ça…

— Attends-moi deux secondes !

Martin saute du capot, va fouiller dans le coffre et revient aussitôt avec la guitare sèche. Léa prend l'instrument, qu'elle coince sous son aisselle. Elle fait tourner les clefs avec délicatesse, gratte les premiers accords de la mélodie folk, et commence à chanter, vite rejointe par son père.

On top of Old Smokey
All covered with snow
I lost my true lover
For courting too slow

Le visage de Léa s'éclaire de plus en plus. Martin revoit Suzanne, penchée sur son épaule, tandis qu'elle s'exerçait à jouer des accords. Toutes leurs répétitions se mélangent dans sa tête, formant une seule image de leurs gestes rassemblés. Une larme brille dans son œil, qu'il essuie discrètement quand la chanson prend fin.

— Tu sais que t'es vraiment bonne ?
— C'est parce que j'tiens de maman.
— Elle est là, fait Martin tout en posant la paume sur le cœur de Léa.

Léa retient sa main durant quelques secondes.
— J'pense que je peux la sentir.

Ils déposent leur fatigue dans un gîte de montagne, près du village de Banff. Dès le lendemain matin, Martin entraîne Léa sur l'avenue principale. Elle a l'envie soudaine d'acheter une carte postale, pour l'envoyer à Dawn. Ils entrent dans une boutique remplie de babioles ornées de feuilles d'érable et de castors souriants. Le soleil de midi éclaire un présentoir sur lequel les images prennent lentement la poussière.

Léa passe un temps fou à faire tourner les cartes, incapable de choisir entre les paysages et les vues en plongée du village touristique.

Martin feuillette un livre.
— Viens donc voir avec moi ! J'arrive pas à choisir.
Elle lui montre un lac vert entouré de montagnes.
— J'pense pas qu'on aille là-bas…
Elle fait une drôle de moue.

— Peut-être un wapiti ? suggère alors Martin.

Léa s'empare d'une carte.

— Çui-là est tellement cuuuuute ! Avec son petit museau qui lui dépasse des pattes !

— Prends-la, si tu l'aimes tant.

— J'ai trop peur de me tromper...

— Ben d'abord, prends le papa !

Il lui pointe une autre carte sur laquelle pose un mâle avec un gros panache.

— Bon, OK, j'prends l'papa !

Elle le tire par la manche pour gagner la sortie.

— Comment, tu choisis rien ? lance Martin, sans la suivre. Ça doit faire trois quarts d'heure que tu niaises devant le rack !

Il a parlé trop fort, et la dame au comptoir, vêtue d'un débardeur à motifs arlequin, ajuste ses lunettes rondes avec un air sévère. Léa sort dans la rue en étouffant un rire. Martin prend toutes les cartes avec des wapitis, les paie avant de sortir puis les tend à sa fille qui s'esclaffe pour de bon.

L'heure bleue colore les vitres de leur hébergement. Léa est bien calée dans un fauteuil en cuir qui fait face à Martin. Elle regarde les sommets et les pentes ravinées en train de s'estomper. Le hall est presque vide, mis à part la jeune fille qui joue au solitaire, au comptoir de l'accueil et un homme taciturne, qui replie son journal avant de s'éloigner. Léa trouve une brochure posée sur une table basse. Elle interpelle son père, plongé dans un roman.

— « Qu'est-ce que vous devez faire si vous croisez un ours ? » Hein, papa, quesse t'en penses ?

— Le combattre à mains nues ?

— C'est ben qu'trop dangereux. Tu te ferais tuer tout de suite. Écoute, y'a juste trois règles : « Règle numéro 1 : Garder votre sang-froid : un comportement calme rassurera l'animal. Les cris et mouvements brusques peuvent causer une attaque. Règle numéro 2 : Reculez lentement : ne cédez jamais à la tentation de courir. L'ours pourrait vous pourchasser. Règle numéro 3 : Parlez à l'animal : vous lui ferez savoir que vous n'êtes pas une proie... »

— Qu'est-ce qu'on pourrait lui dire ?

— Papa, t'es ben niaiseux ! Faut juste que tu parles fort pour qu'il s'en aille plus loin.

Martin hausse les épaules.

— J'sais pas, je m'imaginais lui conter ma journée, pis que l'ours me réponde. Après, on s'assoirait au pied d'un séquoia pour manger du miel. On passerait du bon temps.

Léa fronce les sourcils en secouant la tête.

— À part Winnie l'ourson, répond-elle, pince-sans-rire, connais-tu d'autres espèces qui vivent dans les Rocheuses ?

— J'pense qu'il y en a pas mal. Y'a des chèvres de montagne, des mouflons, des couguars... Regarde dans les pamphlets, tu vas sûrement trouver.

Martin allume une lampe qui se trouve près de lui et reprend sa lecture. Léa n'a plus envie d'éplucher les brochures. Elle contemple un point vague en se rongeant les ongles. La nuit ramène l'image de la petite fille blonde qu'elle a croisée plus tôt, au magasin de bonbons. Elle avait deux lulus parfaitement symétriques et regardait les gommes avec des yeux avides. En étirant la main pour toucher un bocal, elle l'a fait basculer en bas de l'étagère. Léa l'a rattrapé à la dernière seconde, évitant de justesse qu'il vienne se fracasser sur le plancher de bois. La petite fille hurlait, les yeux exorbités et le visage défait. Sa mère, postée plus loin, est arrivée en trombe pour la prendre dans ses bras et la réconforter, sans sembler voir Léa.

Martin dépose son livre, touche l'épaule de sa fille qui lui paraît soucieuse.

— Veux-tu venir à la fenêtre ?
— J'ai pas envie d'bouger.

Elle imite un pantin, en se laissant tirer jusqu'à la baie vitrée. Martin pointe un oiseau sur la cime d'un sapin.

Léa tombe dans le vide. Comme si elle perdait pied sur le bord d'une falaise. Elle s'appuie contre la vitre.

— Papa, j'me sens pas bien.
— Qu'est-ce qui se passe, ma Léa ?
— M'man, a reviendra pas.

Elle sanglote dans ses bras durant de longues secondes. Martin la serre plus fort.

7

Le port de Prince Rupert est bondé de voitures. Martin se met dans la file pour prendre le traversier. En achetant les billets, il apprend du commis que leur destination changera d'appellation dans les semaines à venir. Les îles du peuple haïda retrouveront leur vrai nom : celui d'Haïda Gwaïi.

La sirène retentit sur le pont du bateau. Léa regarde la côte en train de s'éloigner. Ils en ont pour huit heures à se faire ballotter. Martin va s'installer sur un banc en plastique dont le dossier relevé agit comme un brise-vent. Il fouille dans sa chemise pour prendre ses cigarettes, mais le paquet est vide. Léa s'approche de lui.

— Va pas t'en acheter d'autres.
— Pourquoi je pourrais pas ?
— C'pas bon pour la santé.
— Depuis quand ça t'inquiète ?

Léa ne répond pas. Elle fixe longuement Martin avec un air sérieux. Sa tête est recouverte par un foulard turquoise parsemé de paillettes. Ses cheveux sont défaits et ses grands yeux noisette paraissent encore plus ronds. Martin lui prend les mains dans un geste rassurant.

— J'vais chercher des sandwichs. Veux-tu venir avec moi ?

Léa secoue la tête en lui volant la place qu'il vient de réchauffer. Bercée par le roulis, elle espionne les familles et les couples d'amoureux qui défilent sur le pont. Elle regarde l'eau briller et son esprit s'évade vers les images d'un livre qu'elle explorait, petite, collée contre sa mère. Elle se souvient vaguement d'une femme à la peau brune et à la poitrine nue qui portait un pagne rouge aux imprimés de fleurs, d'une vallée montagneuse parsemée de palmiers, de poules qui picoraient près d'une hutte en bambou. L'homme qui les avait peintes séjournait sur une île portant un joli nom… Tahiti… c'était ça. Par leur sonorité étrangement tropicale, les mots « Haïda Gwaïi » la ramènent à ce lieu qu'elle n'a connu qu'en rêve.

Martin revient bientôt, avec quelques articles qu'il dépose sur le banc. Léa semble réfléchir.

— J'pense que maman sera bien sur les îles des Haïdas.

— Je l'espère vraiment fort.

— On va l'enterrer où ?

— Pas trop loin de la source dont je t'ai parlé l'autre fois.

— Paul va venir avec nous ?

Martin hésite un peu.

— Ben, j'imagine que oui…

Léa n'insiste pas. Elle déballe son sandwich et commence à manger, se tournant vers la mer. À la dernière bouchée, elle se met à bâiller et à cogner des clous. Elle dépose sa tête lourde sur les genoux de Martin, en se roulant en boule contre le dossier du banc. Un drapeau claque au vent à l'arrière du navire et quelques goélands, posés sur la rambarde, poussent de longs cris aigus. Alors qu'elle glisse doucement vers le pays des rêves, une odeur de tabac lui picote les narines.

— Tu triches, papa, dit-elle, juste avant de s'endormir.

Il est près de 22 heures quand les îles apparaissent à l'avant du bateau. La nuit commence à poindre dans une lumière ambrée de la couleur du scotch.

Léa s'est enveloppée dans une veste en duvet. Elle occupe le même banc, tout près de la rambarde. Elle y appuie les pieds, laissant la brise marine lui caresser les joues. Elle sort les cartes postales, en choisit une pour Dawn, puis commence à écrire avec application. Tout en bas de la carte, elle signe en lettres moulées: «Léa Marine Lacroix».

Son père se tient plus loin, en compagnie d'un homme d'une soixantaine d'années. Il a de grosses lunettes avec des verres épais, et ses cheveux fournis forment de petites aigrettes sur le bord de ses tempes. Il parle en continu en faisant de grands gestes. Son père semble fasciné par ce que lui raconte ce drôle de personnage aux allures de hibou. À la fin de leur échange, l'homme fouille dans un gros sac qu'il porte en bandoulière. Il en tire un papier qu'il remet à Martin avec un grand sourire. Martin lui serre la main et revient vers Léa.

— C'était qui le monsieur ?

— C'est un anthropologue qui vient de Vancouver. Il connaît des légendes que racontent les Haïdas. J'en ai justement une qu'il vient de me donner.

— Tu voudrais-tu m'la lire ?

Martin se racle la gorge.

Il y a très très longtemps, un vieil homme habitait avec sa fille unique et la femme qu'il aimait sur le bord d'un ruisseau. Quand il perdit sa femme, il s'en trouva si triste qu'il vola le soleil qui brillait dans les cieux pour le garder chez lui, caché au fond d'un coffre. À partir de ce jour, il faisait toujours nuit sur la terre des Haïdas. Les cerfs, tout comme les ours, les aigles et les renards se mouvaient dans le noir et beaucoup se blessaient, ou perdaient leur chemin.

Corbeau n'en pouvait plus de vivre dans les ténèbres, car chaque fois qu'il volait, il se cognait aux arbres ou s'écorchait les pattes en voulant se poser. Un jour qu'il s'abreuvait à un petit ruisseau, tout près de la cabane où vivait le vieil homme, il entendit une voix qui murmurait tout bas :

« La lumière brille encore tout au fond de mon coffre, mais personne ne la voit, car je la garde pour moi. »

Une jeune fille apparut sur le pas de la porte. C'était la fille du vieux. Corbeau ne la vit pas, mais il pouvait l'entendre comme elle se rapprochait, en froissant les feuilles mortes d'un pas souple et léger. Quand elle fut près de lui, Corbeau plongea dans l'eau où il se transforma en aiguille de sapin, tournoyant sur lui-même afin d'être attrapé dans le seau de la jeune fille. Une fois le seau rempli, elle y trempa les lèvres, et c'est à ce moment que l'aiguille de sapin qu'était devenue Corbeau se fraya un chemin jusqu'au creux de son ventre.

Dans les mois qui suivirent, le ventre de la jeune fille se mit à s'arrondir et, trois saisons plus tard, un enfant en sortit en poussant des bruits rauques. Quand elle le prit contre elle, elle put sentir les plumes qui poussaient sur son corps à différents endroits, ainsi qu'un nez pointu, aussi dur que la roche. Ses yeux brillants et noirs scrutaient l'obscurité.

Au bout de quelque temps, le vieux s'y attacha comme à son petit-fils. Quand l'enfant fut en âge de marcher à quatre pattes, il le laissa fouiller partout dans la maison, sans même le surveiller. Un jour que l'homme dormait calé dans sa berceuse et que sa fille cousait, l'enfant trouva le coffre dans le fond d'une armoire ; de la lumière filtrait de ses planches ajourées. L'enfant se mit debout, souleva le couvercle et le soleil parut dans son incandescence. La boule était si chaude qu'il s'y brûla les doigts, mais dès qu'il y toucha, il redevint Corbeau et put la soulever dans ses serres repliées.

Comme le vieux approchait en criant des injures, il tenta de s'enfuir en volant à tire d'ailes, se cognant contre un mur, avant de s'échapper par la fenêtre ouverte.

Le soleil était lourd et il n'arrivait pas à prendre assez d'essor pour atteindre la montagne au sommet de laquelle il voulait le poser. Au bout d'un certain temps, un morceau de lumière s'échappa de ses pattes. Il alla se briser sur des rochers abrupts, en mille éclats de feu qui rebondirent ensemble jusqu'à la voûte céleste, devenant les étoiles qui firent briller la nuit.

De peur de perdre le reste, Corbeau se concentra et redoubla d'efforts, volant à perdre haleine vers les crêtes acérées qu'il avait dans sa mire. Au sommet de l'une d'elles, il accrocha le feu qui ralluma le jour.

On raconte du vieil homme qu'il retrouva la paix en découvrant sa fille assise à la fenêtre, lumineuse comme le jour qu'avait ramené Corbeau.

Quand le récit prend fin, le ciel devient plus sombre, et la lueur ambrée trace un chemin sur l'eau. Léa regarde son père, dont le visage s'éclaire :

— T'as une lune sur la joue !
— Qu'est-ce que tu dis, papa ?
— Y'a comme un bout de lumière qui ricoche sur ta peau. Ça fait un croissant de lune !
— Corbeau l'a peut-être perdu ?
— Peut-être, répond Martin.

8

Le ciel est dégagé, alors qu'ils se réveillent à Queen Charlotte City. Léa entraîne son père dans les rues du village. Un restaurant modeste propose des déjeuners à un prix dérisoire. Ses murs en lattes de bois percées de larges fenêtres charment aussitôt Martin. La baie, de l'autre côté, est lisse comme un miroir. Une odeur de bacon s'échappe de la cuisine et donne faim à Léa.

Martin sort un objet de forme rectangulaire. Le haut de l'appareil est percé de trous ronds. Des boutons de couleur s'alignent sous l'engrenage couvert d'une vitre teintée.

— D'où tu sors ça, papa?
— Des affaires de ta mère. C'est pour toi, si tu veux.
Léa ouvre grand la bouche.
— C'est une enregistreuse?
— Oui, un ancien modèle. Suzanne l'avait trouvé dans un marché aux puces. L'idée lui avait pris de faire une banque de sons classés par thématiques. J'ai tout ça dans une boîte, mais j'ai pas fait le tri. J'ai vu quelques cassettes avec des étiquettes, les autres sont mélangées…
— Elle était drôle, maman…

— Si t'as le goût de t'amuser, j'ai mis une cassette vierge.

— Comment ça marche, au juste ?

— Attends, je vais te montrer.

Il pèse sur deux boutons et se met à parler, tout près du haut-parleur :

— Ici Martin Lacroix, avec Léa Marine, sur les ondes de Radio Pacifique ! On vous parle en direct des îles Haïda Gwaïi. Il fait un temps splendide à Queen Charlotte City ! Enfilez votre maillot, c'est le temps de sauter à l'eau !

Léa se met à rire.

— Arrête donc, tu me fais honte !

— Personne comprend le français.

— On a l'air fou pareil !

— Attends, je recule la bande pour qu'on puisse l'écouter.

— Non, non, c'est moi qui l'faits !

Léa pèse sur *rewind* et regarde, fascinée, la bande qui se déplace de la droite vers la gauche.

— Merci papa, c'est cool. C'est bizarre, mais j'aime ça.

— Tant mieux, répond Martin. Tu pourras t'amuser... quatre-vingt-dix minutes.

— Attends, je comprends pas...

— La durée de la cassette. Y'a de la place en masse.

Léa lève un sourcil, en se grattant la tête.

✡

Martin gare la voiture au bout d'une allée d'arbres qui mène à la fermette de son ami de longue date. Léa sort la première, à la poursuite des poules qui lui font des œillades en poussant des gloussements. Certaines détalent d'un coup en la voyant venir, mais les plus téméraires s'approchent d'elle prudemment, puis se figent sur une patte, comme pour mieux la jauger, avant de repartir dans le sens opposé.

Martin regarde la cour. Rien n'a vraiment changé après toutes ces années : le petit poulailler aux planches peintes en vert pomme, le jardin clôturé bordé de tournesols, la maison de bardeaux au toit octogonal.

Un homme descend les marches, un chat sur ses talons. Sa chemise à carreaux flotte autour de son torse et ses jeans délavés sont tachés de terre noire. Même en plissant les yeux, il est encore trop loin pour discerner les traits de Martin et Léa. Une fois à leur hauteur, son visage s'illumine, comme s'il venait de résoudre un problème compliqué.

— Calvaire ! Martin Lacroix !

Les hommes éclatent de rire, en ouvrant grand les bras pour se faire l'accolade.

— Tu parles d'une belle surprise ! Ta fille est donc ben grande !

Il se retourne vers elle en faisant un sourire. Léa lui tend la main avec un air timide. Paul scrute les alentours en semblant s'étonner de l'absence de Suzanne. Mais il demeure discret et, sans poser de questions, les invite à le suivre.

Ils entrent dans la maison par la porte de derrière, qui donne sur la cuisine. Un rayon de lumière frôle une corbeille de pommes posée sur le comptoir. Les meubles en bois massif prennent lentement la poussière. Léa a l'impression qu'ils recèlent des secrets et des histoires anciennes, au fond de leurs tiroirs. Le chat s'étire longuement près des pieds de Martin, avant de le toiser de ses yeux en amande. En soutenant son regard, Martin sent quelque chose qui veut se loger en lui. Une chose indéfinie, proche de la plénitude, qui arrêterait le temps.

— Ça sent bon ! dit Léa, en humant les biscuits fraîchement sortis du four.

— Viens t'asseoir, lui dit Paul, je vais t'en donner un ! Tu vas prendre un café ? demande-t-il à Martin.

— Merci, Paul, c'est gentil.

Léa mange son biscuit puis ressort dans la cour. Paul revient à la table avec deux allongés.

— J'aurais dû t'avertir, dit Martin, repentant.

— J'aime ben mieux les surprises !

— T'es sûr que c'est correct ?

— Oui, j'suis vraiment content. J'ai pas souvent de visite.

— C'est vrai que ça a l'air tranquille…

Paul l'interroge des yeux, en gardant le silence. Martin se tord les mains, hésite encore un peu.

— 'Est morte, ça fait un mois.

— Quoi, tu veux dire Suzanne ?

— Elle s'est ôté la vie.

— Oh... fait Paul, ébranlé.

Il se penche vers Martin, l'incitant à poursuivre. Son ami lui raconte qu'il a senti l'urgence de quitter Montréal peu de temps après le drame. Qu'il cherchait un endroit pour enterrer les cendres de la femme qu'il aimait. Un lieu qui lui convienne, où il serait certain qu'elle reposerait en paix.

— J'ai pensé à la source. Je pouvais rien voir d'autre. Fait que, j'ai pris la route un peu sur un coup de tête. C'était plus un naufrage, durant la première nuit. J'essayais de me sauver en pesant sur le gaz. J'aurais voulu conduire pour le restant de mes jours, plus jamais m'arrêter. Tu comprends ce que j'veux dire? Après, ça a changé; à partir du lendemain, quand Léa a voulu que j'lui parle de Suzanne. On s'est mis à sentir qu'elle était avec nous, dans tout ce qu'on trouvait beau. On a fait des arrêts, on a connu des gens super attentionnés. Pis là, j'arrive ici, sans t'avoir averti, avec toutes mes histoires...

La voix de Martin se brise.

— Ça fait drôle d'être rendu.

Il détourne le regard en ravalant ses larmes. L'émotion l'a gagné en pensant au coffret qu'il allait mettre en terre.

— Oh, man, articule Paul. Ça va nous prendre d'la bière.

Martin éclate de rire devant son expression, une sorte d'ahurissement teinté de compassion. Il détaille son visage bruni par le soleil, la lueur dans ses yeux entourés de pattes d'oies.

— Merci d'être là pour nous.

— Ben voyons, c'est normal, dit Paul en se levant pour attraper deux bières et un décapsuleur.

Tout en se rassoyant, il se penche vers Martin pour lui toucher le bras.

— Quesse tu penses de lundi, au lever du soleil? J'vous amène à la source et on prend le temps qui faut.

— Paul, c'est vraiment parfait.

Léa se couche dans l'herbe, les yeux rivés au ciel. Elle peut entendre les vagues de l'autre côté de la route. Un bruit sourd et tenace, qui semble l'interpeller comme un souvenir enfoui. Quelque chose de lointain et de proche à la fois.

Elle se tourne sur le flanc, pour se mettre à genoux. L'herbe lui monte aux épaules, encadrant son visage. Une muraille de pins gris l'empêche de voir la mer. Elle cueille des fleurs des champs qu'elle agence en bouquet et regagne la maison. Elle trouve son père et Paul assis dans la cuisine, en train de boire un coup en riant bruyamment.

— Ça va, ma grande? dit Paul.

Léa fait oui de la tête en lui montrant le bouquet, qu'elle voudrait faire sécher.

— Mets-les sur le comptoir, je vais t'arranger ça.

Léa dépose les fleurs en regardant la poutre où sèchent déjà de l'ail et des bottes d'oignons jaunes. Puis elle ressort dehors pour marcher vers la mer. Elle escalade la butte où sont plantés les pins, s'égratignant les bras contre les troncs noueux couverts de grosses écailles. La lumière est plus dense entre les conifères. Elle sent la brise marine à travers les aiguilles et elle doit se pencher pour passer sous les branches qui lui barrent le chemin.

Une fois de l'autre côté, elle reste un long moment sur le bord du fossé. De là, elle voit la plage et le turquoise de l'eau. Elle repense à Percé, au sourire de sa mère, à l'odeur de sa peau chauffée par le soleil. Puis elle regarde le ciel et les nuages qui filent. Le monde se tient juste là, à portée de sa main, et elle veut l'attraper comme l'aurait fait Suzanne.

Elle revient sur ses pas et s'engage dans l'allée où se trouve leur voiture, ouvre une des portes arrière et prend l'enregistreuse posée sur la banquette. De là, elle gagne la grève en traversant la route. Les vagues font des rouleaux qui s'écrasent lourdement dans un immense vacarme. Comme c'est la marée basse, une étroite bande de sable est laissée dégagée au-delà des galets. Elle retire ses sandales pour y poser les pieds. Puis elle approche ses lèvres du vieux magnétophone, appuie sur deux boutons et dit de sa voix claire : « 30 juillet 2010, sur la plage de Tlell. »

Lorsqu'elle tourne la machine en direction des vagues, laissant leur grondement sourd s'imprimer sur la bande, elle a la sensation que le moment existe, et qu'il lui appartient.

Après de longues minutes, elle stoppe l'enregistreuse et s'assoit sur la grève. Des larmes roulent sur ses joues, mais elle est plus légère, libérée d'une noirceur qui lui clouait le cœur. Comme si l'aile de Corbeau venait de la frôler, déverrouillant le coffre d'où la lumière peinait à se frayer un chemin vers le monde extérieur.

Il est à peine 4 heures quand Martin se réveille avec des sueurs froides. Le ciel est déjà pâle dans la fenêtre étroite qui donne sur le jardin. Léa respire doucement à l'autre bout de la chambre. Il enfile ses vêtements pour se rendre à la plage, habité par le rêve qui l'a tiré du lit.

Il se tenait debout sur une rivière gelée, et frappait la surface à l'aide d'un gros maillet. Il avait beau frapper, frapper de toutes ses forces, la glace ne cédait pas. À peine si une zébrure venait la fissurer. Il s'est agenouillé pour voir de l'autre côté, où se trouvait Suzanne, en train de lui sourire, son corps raide et bleui parsemé d'ecchymoses.

C'est alors qu'une rage sourde s'est emparée de lui, comme une colère lointaine, ancestrale, primitive, et qu'un cri de fureur est sorti de sa gorge. Il a lancé le maillet par-dessus son épaule et s'est mis à frapper avec ses deux mains nues, en poussant des grognements. Quand la glace a cédé, Suzanne n'était plus là. Il n'y avait qu'un trou noir où flottaient des comètes et des poussières d'étoiles.

En arpentant la plage, Martin fixe le soleil qui commence à sortir. Il inspire l'air du large et les embruns salés. Les vagues, à marée haute, recouvrent la bande de sable et il doit progresser sur les galets mouillés. Il choisit un caillou qu'il lance de toutes ses forces pour le faire ricocher. En le voyant couler, il pousse un drôle de cri ; comme une lamentation, le chant d'un chien husky, un pleur de nouveau-né.

Paul démarre le moteur. Léa s'est installée entre lui et Martin sur la banquette usée. Elle garde ses fleurs séchées et l'améthyste de Dawn comme des trésors précieux. Martin tient le coffret dans le creux de son coude.

Un soleil encore bas traverse le voile de brume qui vient de se lever. Paul suit la nationale, avant de bifurquer vers les chemins de terre qui conduisent à la source. Il gare son véhicule après une heure de route, expliquant à Martin qu'il leur faudra marcher le dernier kilomètre.

Léa enjambe son père pour sauter du camion et partir la première dans un étroit sentier bordé de séquoias. Le soleil passe encore entre les troncs serrés, éclairant le sous-bois de ses rayons obliques. L'atmosphère est feutrée, propice au recueillement.

Ils arrivent à la source qui se fraie un passage entre les pierres moussues et les frondes des fougères. L'eau jaillit avec force de sa veine souterraine avant de s'écouler dans un bassin étroit rempli de cailloux ronds de différentes grosseurs. Léa court jusqu'au bord et retire ses sandales. Elle se met à crier puis à rire comme une folle en sentant l'eau glaciale qui lui mord les mollets. Paul s'appuie sur sa pelle, Martin à ses côtés.

— J'pense que ta fille va ben.

— Viens papa ! crie Léa en se tournant vers eux.

Elle se penche vers l'avant, les mains placées en coupe.

Mais dans l'œil de Martin, c'est Suzanne qui se penche avec le même sourire. Il ne sait pas, alors, qu'elle attend un enfant. Il y a tous les possibles qui convergent dans sa chair. Il y a le bonheur simple et la proximité. Il y a l'avenir à trois. Il n'y a pas de pilules, pas de chambre d'hôpital, pas de trou à creuser.

Et pendant qu'il y pense, Léa revient vers lui, avec sa chair de poule, ses jambes trop longues pour elle et ses épaules bronzées. En croisant ses yeux pers, il voit une force immense qu'il ne soupçonnait pas.

2016

1

Saint-André-sur-Mer, juillet

Léa se tient debout derrière l'étroite fenêtre qu'elle doit faire coulisser pour parler aux clients. Elle travaille au casse-croûte depuis la fin des classes. Elle voit Gitane Chabot, une fille de son école, en train de s'approcher. Un garçon la devance. Il monte sur la galerie et dépose son Red Bull sur le bord du comptoir.

Quand il se penche vers elle pour placer sa commande, quelque chose se déplace dans le cœur de Léa. Ses yeux démesurés et son sourire charmeur, légèrement effronté, viennent la désarçonner.

— J'suis pas sûr qu'on s'connaît?

Gitane attend derrière, penchée sur son iPhone. Elle mâche sa gomme balloune avec un air blasé. Ses ongles sont peints en vert et ses longs cheveux noirs dépassent un bustier rose. Léa dit au garçon qu'elle ne l'a jamais vu. Ce dernier lui apprend qu'il est de Montréal et vient passer l'été chez la sœur de sa mère.

— C'est ben long! lance Gitane, en triturant la chaîne qu'elle a autour du cou.

— Relaxe, dit le garçon, en se tournant vers elle.

— Qu'est-ce que vous allez prendre ? demande alors Léa.

— Quesse tu voulais, déjà ? demande-t-il à Gitane.

— Une poutine, répond-elle, légèrement irritée. C'pas compliqué, me semble !

Léa note la commande.

— J'vais prendre un club sandwich.

— Autre chose avec ça ?

Il se retourne encore.

— Un Pepsi, dit Gitane, en poussant un soupir.

Léa les fait payer puis épingle leur commande sur la passe de Martha. La cuisinière s'approche, un poêlon à la main. Gitane entraîne son flirt vers les tables à pique-nique. Il enfourche un des bancs, laissant libre sa jambe gauche, qu'il agite nerveusement en buvant son Red Bull.

Léa étire le cou pour prendre une bouffée d'air. Elle se sent prisonnière de son polo vert pâle et du filet serré qui retient ses cheveux sous sa petite casquette. Elle a hâte d'échapper à la chaleur poisseuse qui émane des fourneaux. Le bacon de Martha se met à grésiller sur la plaque de cuisson. Des clients se succèdent à l'avant du comptoir, laissant tourner le moteur de leurs camionnettes en attendant leurs frites et leurs guédilles au crabe.

— Poutine et club sandwich ! fait Martha d'une voix forte.

Léa sort une canette qu'elle pose sur le plateau, et répète la commande vers la table de Gitane. Son compagnon arrive à une vitesse record.

— En passant, je m'appelle Sam.
— Moi, c'est Léa Marine. Tu peux m'appeler Léa.
— Alright! On va se revoir! dit-il en s'éloignant.

Léa verrouille la porte autour de 20 h 15. Elle coince son uniforme dans son sac à dos vert et monte sur son vélo. L'air est aussi collant que la steam du casse-croûte. Elle entend le tonnerre qui roule derrière son dos.

Elle s'engage dans la rue, donne quelques coups de pédale, puis descend en roue libre vers le fleuve Saint-Laurent, dont les eaux argentées scintillent entre les toits. Grisée par la vitesse, elle bifurque vers la droite pour longer les commerces de la rue principale au bord de la batture. Elle dépasse la crémerie, le restaurant chinois et la Brûlerie des anses pour finir par freiner devant le dépanneur que son père a racheté, quelques années plus tôt.

Elle descend de vélo et va à la vitrine. Estelle est à la caisse, avec sa permanente sortie d'une autre époque, son perfecto usé et son eye-liner vert. Quand elle remarque Léa, elle lui fait signe d'entrer, puis lui refile une gomme à saveur de melon.

Léa remonte une rue jusqu'à la 132, traverse le pont de bois qui enjambe la rivière, passe la Caisse populaire et s'engage dans les rangs. Le ciel est presque noir, éclairé çà et là par des clignotements jaunes. L'orage éclate d'un coup, avec une force inouïe qui fait bondir les gouttes quand elles touchent le bitume.

C'est une pluie torrentielle, chaude et libératrice; et Léa se sent bien, même si elle est trempée et qu'elle n'y voit plus rien.

Comme elle emprunte l'allée qui mène jusqu'à sa cour, la pluie devient plus fine et se transforme en bruine. Une odeur de menthe verte et de terre retournée lui picote les narines. Elle appuie son vélo sur le mur en bardeaux, se retourne vers les champs qui vallonnent jusqu'au fleuve, et gravit les trois marches de la grande véranda. Par la porte-fenêtre, elle aperçoit Martin penché sur son portable à la table de cuisine.

Elle trouve qu'il a vieilli dans la dernière année. Peut-être la quarantaine qui vient de le frapper ou le manque de mouvement, depuis qu'ils vivent ici. Comme si, inconsciemment, il avait pris sa vie afin de la plier pour la ranger sagement entre son dépanneur et ses bottes de fines herbes. Il lui a tout donné et elle lui en veut presque, maintenant qu'elle a grandi. Elle voudrait le voir bouger, sortir de sa routine, s'épanouir un peu.

— C'est quoi ces photos-là?

Elle se revoit, plus jeune, en compagnie d'Emmy, sur l'écran du portable.

— J'viens juste de les ouvrir.

— Est-ce que je peux voir les autres?

Martin fait défiler la trentaine de photos qu'ils ont prises sur la route, quand ils étaient dans l'Ouest. Elle reconnaît Quiet, près duquel elle se tient avec un grand sourire, Paul devant son jardin. La plage de gros galets.

— Ça me fait drôle, murmure-t-elle. Ça me rappelle maman.

— Je m'excuse, dit Martin. On va fermer tout ça.

— C'est correct, dit Léa, en détournant les yeux.

Mais elle sent la torpeur en train de la gagner. Comme si tout s'éteignait et que la peur du noir l'empêchait de bouger.

— Léa, va donc t'changer! T'es complètement trempée, tu vas attraper froid…

— Arrête de m'dire quoi faire!

— Heille, woh, là, qu'est-ce qui se passe?

— Tu veux savoir c'qui se passe? Ça fait six ans qu'est morte, pis j'pus capable d'bouger chaque fois que j'pense à elle. On fait pas des enfants pour aller s'tuer après!

Elle attrape ses affaires pour monter dans sa chambre.

Martin n'ose pas la suivre.

Il n'a plus de certitudes quant à son rôle de père dans ces moments de crise. Il pousse un long soupir, en se massant le front, accoudé à la table.

Il repense à la source, aux moments avec Paul, à leur retour vers l'est. Ils ont croisé Montréal sans même s'y arrêter, poursuivant le voyage jusqu'au Bas-Saint-Laurent. Une fois à Saint-André, ils ont loué une chambre avec vue sur le fleuve, près d'un vieux dépanneur aux pompes désaffectées. Le panneau cabossé, qui l'annonçait à vendre pour un prix dérisoire, a convaincu Martin. En moins de quarante-huit heures, l'affaire était conclue. Ils sont passés en ville pour ramasser leurs choses et céder leur logement.

Ils ont refait leur vie. C'est ce qu'ils disent aux gens, quand on les interroge.

Léa se roule en boule dans ses vêtements trempés. L'orage a redoublé et elle entend la pluie qui pianote sur le toit. Elle fixe le mur de lattes, dont la peinture s'écaille. Elle voudrait qu'on l'enlace, qu'on lui sèche les cheveux, qu'on lui chante une berceuse, qu'on lui souffle à l'oreille que sa mère n'est pas loin, et va bientôt rentrer.

Elle ne pense pas à elle durant de longues périodes. Au mal qu'elle lui a fait. Et puis, ça la rattrape. Sa volonté s'efface dans une brume cotonneuse et elle a l'impression que si personne ne vient pour la tirer du vide, elle va rester en boule pour le reste de ses jours.

Elle triture l'édredon, laisse flotter ses pensées vers les îles Haïda et la maison de Paul. Elle retourne dans sa cour, se faufile sous les arbres, capture le bruit des vagues dans le magnétophone. Enfermer cet instant lui avait fait sentir que le monde existait en dehors de Suzanne. Qu'il était lumineux. Tangible. Illimité.

Elle tente de se rappeler où sont l'enregistreuse et la boîte de cassettes. Ce tas de sons pêle-mêle récoltés par sa mère. Elle se souvient vaguement d'avoir fouillé le carton deux ou trois ans plus tôt, et fait jouer une bande remplie du bruit des feuilles qui voltigent dans le vent, du murmure des ruisseaux et de la pluie qui tombe.

Soudainement inspirée, Léa va à sa fenêtre et tend son cellulaire en direction du toit.

2

Il est près de 11 heures quand Léa se réveille. Elle revêt un t-shirt et ses capris en jean, dévale les escaliers qui mènent vers la cuisine. Le chat fait le dos rond en la voyant venir. Il pousse un miaulement et lui passe entre les jambes. Elle se rend à l'îlot pour se faire un café, qu'elle se sert dans une tasse au rebord ébréché. Elle y ajoute du sucre et un nuage de lait, fait coulisser la porte.

Postée sur la galerie, elle entend un jappement dans l'allée du voisin, puis le chant d'un oiseau en provenance d'un bosquet. La rumeur entêtante du peuplier baumier qui pousse près de sa chambre l'incite à s'approcher. Elle descend dans la cour pour longer la maison jusqu'au pied du grand arbre dont les feuilles agitées haussent le volume du vent. Son téléphone en main, elle en capte la musique qu'elle prend soin de classer avec le bruit de la pluie enregistré la veille.

Elle rentre dans la cuisine, met sa tasse dans l'évier, sort une boîte de céréales. Elle en avale un bol sur le bord du comptoir, attrape le sac à dos qui contient son polo et ses autres accessoires, avant de ressortir pour se rendre au village.

C'est toujours à vélo qu'elle se sent le plus libre. Tout redevient limpide. Il n'y a plus de mort, plus de torpeur soudaine. En sentant les odeurs et la caresse du vent, lui vient l'envie furieuse qu'il se passe quelque chose pour l'extraire de l'ennui qui pèse sur le village. Elle aimerait que les touristes soient plus intéressants, que sa meilleure amie habite un peu moins loin, que le fleuve se réchauffe pour qu'elle puisse y plonger, que Sam revienne la voir et l'embrasse sur la bouche. Elle voudrait faire la fête, être soûle morte comme l'autre fois, au party de finissants, mais sans Jasmin Lapointe, qu'elle a fui toute la nuit. Elle voudrait s'évader, vandaliser les cœurs, devenir une funambule pour vaincre sa peur du vide et de la solitude. Tous ces désirs ensemble et plusieurs autres encore font la file dans son cœur, au fur et à mesure qu'elle dévale les coteaux qui la rapprochent du fleuve.

Elle pose un pied à terre devant le dépanneur, cherche à reprendre son souffle. Elle hésite un instant avant de pousser la porte, repensant aux excuses qu'elle veut faire à son père. Damien et Romuald se tiennent près du comptoir, interpellant Martin à la moindre occasion.

— Tes saucisses sont ben chères ! fait remarquer Damien, ajustant son Big Bill qui lui tombe sur les hanches.

— On est le 22 juillet, lui explique Romuald, sa casquette à la main.

— Ouin pis, c'est quoi le rapport ?

— Arrête de t'inquiéter, c'est le prix pour les touristes, dit Martin derrière lui en rangeant du pain POM. Je vais t'les faire moins cher. Le prix habituel.

— J'savais que t'étais mon chum!

Léa s'est faufilée dans le dos des deux hommes, qu'elle préfère éviter. Elle emprunte une allée pour se rendre à l'arrière. Martin, amant des mots, a rempli les tablettes de vieilles bandes dessinées et de livres usagés glanés un peu partout, transformant la section en mini-librairie. Comme les doigts de Léa se promènent sur les tranches, elle tombe sur un vieux guide du chemin de Compostelle. Sur la page couverture, on voit l'ombre d'un pèlerin projetée contre un muret. C'est la copie de Martin, qu'il gardait précieusement quand elle était plus jeune. Il lui disait souvent qu'il l'amènerait marcher à travers les villages et les chemins de pierre qui conduisent à Saint-Jacques. Qu'ils feraient Compostelle en mémoire de Suzanne. Au début, tous leurs rêves convergeaient vers Suzanne. L'année suivant sa mort, Léa voulait toujours que son père lui parle d'elle. Avant qu'elle se rebelle et lui dise d'arrêter. Et pourtant, elle est triste de retrouver le guide perdu dans les tablettes. Son père doit voyager, quitte à le faire sans elle.

Romuald et Damien font tinter la sonnerie en quittant le dépanneur. Léa gagne le comptoir en brandissant le livre sous les yeux de Martin.

— Tu sors d'où? s'exclame-t-il.

— Je lisais, en arrière. J'veux pas que tu vendes le guide.

— Pourquoi ? C'est un vieux truc…

— Parce que c'était ton rêve ! Le chemin de Compostelle… Tu m'en parlais tout le temps.

— Ça fait longtemps, Léa.

— C'est pas grave, garde-le donc ! T'iras peut-être un jour.

Martin lui prend le guide, le glisse sous le comptoir, en haussant les épaules. Léa hésite un peu, avant de se lancer.

— J'suis venue pour m'excuser…

— De quoi ? demande Martin.

— D'avoir pogné les nerfs.

— Je sais que c'est pas facile…

— Pareil, c'tait pas de ta faute.

— Ça va mieux à matin ?

— Oui, c'est vraiment passé.

Elle prend un chocolat dans le bol en plastique posé près de la caisse, qu'elle dégage soigneusement de son enveloppe dorée.

— Tu vas me trouver bizarre, mais j'aimerais ça ravoir la vieille enregistreuse. Tsé, avec les cassettes…

— Le magnéto de Suzanne ?

Léa fait signe que oui.

— T'es plus fâchée contre elle ?

— Je sais, j'suis dure à suivre. C'est juste que j'aurais le goût d'essayer de faire des tests. De remplir une cassette. J'pensais à ça, hier soir.

Martin se mord la lèvre. Quelque chose au fond de lui oppose une résistance. Il pense qu'il serait sage de ne plus rien déterrer en lien avec Suzanne. Mais, en peine d'arguments, il finit par lancer :

— OK, j'vais regarder. Faut que je fouille au sous-sol dans les toiles d'araignée… J'te donnerai des nouvelles, si j'sors de là vivant !

— Merci papa, t'es fin !

Sa phrase n'est pas finie qu'une vieille Honda Civic s'engage dans le parking, traînant dans son sillage une forte odeur d'essence et un air de hip-hop qui s'interrompt d'un coup. Sam sort de la voiture en claquant la portière. Soudainement paniquée, Léa quitte le comptoir, marmonnant à Martin qu'elle retourne voir les livres.

Sam vient à peine d'entrer qu'arrive une Westfalia, qui se gare à son tour. En sort un groupe de jeunes aux vêtements colorés. Le rouquin grand et mince qui marche devant les autres a rejoint le comptoir en quelques enjambées. Ses amis s'agglutinent devant les confiseries. Sam va vers les tablettes, subtilise un Monster et le glisse dans son sac. En relevant les yeux, il aperçoit Léa, en train de l'observer.

— Hé… salut ! lui lance-t-il, ne sachant pas où se mettre.

— Salut ! répond Léa sans oser s'approcher.

Elle voit qu'il est nerveux et elle voudrait lui dire qu'elle ne révélera rien de ce qu'elle a surpris. Les jeunes font demi-tour en saluant Martin. Il a repéré Sam, posté près des Monsters en compagnie de sa fille, qui a le rouge aux joues. Le trou dans l'étalage est visible de la caisse. Sam prend un paquet de gommes qu'il paie avant de sortir, puis regagne sa voiture et démarre aussitôt dans un déluge de rap.

— J'pense que j'vais faire un bout, lance Léa à Martin.

— C'était qui, le petit bum ?

Elle bafouille une réponse à peine compréhensible.

— J'vais le garder à l'œil…

3

Quelque chose se consume dans le cœur de Léa alors qu'elle plonge les frites dans la bassine d'huile chaude, puis replace le panier sur ses petits crochets. Quelque chose qui bouillonne et la fait transpirer comme elle sert les clients, de plus en plus nombreux à la tombée du jour. Quelque chose qui s'allume chaque fois qu'elle pense à Sam.

L'incendie s'éteint net quand quelqu'un l'interpelle en l'appelant *ma grande*. L'homme qui se tient devant elle a un visage rougeaud, un ventre proéminent et un sourire salace.

— Penses-tu au prince charmant? demande-t-il à Léa avec un gros clin d'œil.

— Ça sera pas long, monsieur, dit Léa sans sourire, en transférant les frites dans un sac en papier avant de les placer sur le plateau de plastique avec les hamburgers.

Au moment de payer, l'homme regarde sa poitrine durant de longues secondes, puis il tourne les talons et va rejoindre sa femme, qui l'attend patiemment à une table à pique-nique.

Vient ensuite une vieille dame avec des verres fumés, qui tient un petit chien blotti sous son aisselle, une fille en rollerblades qui porte des shorts en jeans et un haut de bikini, des familles de touristes, quelques clients locaux, puis le groupe de hippies croisé au dépanneur en fin d'avant-midi. Le roux se présente seul pour passer leur commande. Il a garé le van au fond du stationnement. Par les deux portes ouvertes, Léa voit ses amis en train de jouer aux cartes, installés en tailleur sur un matelas en mousse. Le rouquin lui raconte qu'ils ont quitté Montréal trois jours auparavant et qu'ils ont l'intention de se rendre à Percé dans le courant de la semaine. Léa, qui les envie, dit qu'elle embarquerait bien si ce n'était de son travail.

Le jeune homme lui sourit :

— J'suis sûr qu'on se recroisera.

Il gagne sa Westfalia et démarre le moteur. Léa remarque les gouttes qui commencent à tomber. Martha lui fait savoir qu'elle sort en fumer une, avant de pousser la porte au fond de la cuisine. Les cinq tables à pique-nique ont tôt fait de se vider, laissant la place vacante. Léa pousse un soupir, le menton appuyé sur ses deux poings fermés. Elle scrute les alentours avec un air blasé, fait le décompte des fleurs et des nains de jardin de la maison d'en face, en écoutant la pluie qui tambourine doucement sur le toit du casse-croûte.

Après de longues minutes, elle sursaute légèrement, soudainement alertée à la vue de l'auto qui entre dans le parking, avec ses taches de rouille, sa peinture écaillée et la fumée bleutée qui sort en crachotant de son pot d'échappement. Le moteur pétarade avant de s'arrêter. Sam sort de la Civic. Il porte un hoodie noir, qu'il rabat sur sa tête, le corps un peu voûté. En quelques enjambées, il est face à Léa, pianotant nerveusement sur le bord du comptoir.

— Je voulais te remercier.

— Me remercier pour quoi ?

— Par rapport à tantôt. Je sais ben qu'tu m'as vu, quand j'ai pris la canette…

— De quelle canette tu parles ?

Sam lui fait un sourire.

— J'suis un peu cleptomane. J'peux comme pas me contrôler.

— Ouin, mais j'pense qu'il t'a vu.

— Le bonhomme à la caisse ?

— Le bonhomme, c'est mon père.

— Ah shit ! fait Sam, gêné, en reculant d'un pas.

— T'es dans un petit village. Tout le monde connaît tout le monde. Faut pas faire trop de niaiseries.

— J'me suis-tu mis dans' marde ?

— Je sais pas, dit Léa en haussant les épaules.

C'est vrai qu'elle ne sait pas. Elle n'y a pas pensé. Elle regardait ses yeux, ses mains qui pianotaient, son corps toujours mobile. Ce quelque chose en lui, de fébrile et touchant, qui l'avait aimantée dès leur première rencontre.

Martha referme la porte au fond de la cuisine, quand Léa l'interpelle.

— Veux-tu que je fasse le *close* ?

— Non, j'vais m'en occuper! Prends les frites, si tu veux...

Léa met ce qu'il reste dans un sac en papier, aussitôt imbibé par des taches de friture. Elle pousse le sac vers Sam, qui hésite un instant.

— Je m'en allais au parc... Veux-tu venir avec moi? Ce serait moins plate à deux.

Léa s'entend répondre que ça lui ferait plaisir. Elle va vite se changer, puis court le retrouver dans le fond du parking. Il fouille dans sa valise, en la tenant ouverte à l'aide de son bras droit. Son chandail relevé laisse voir le bas de son dos. Un étui à guitare posé près d'un six-pack attire l'œil de Léa.

— Ah ben, t'as une guit, toi?
— Pourquoi? Tu connais ça?
— J'en joue, depuis longtemps.

Sam la sort de l'étui.

— Tu penses qu'a vaut combien?
— J'sais pas. 'Est pas à toi?

Léa se penche dans le coffre pour mieux voir l'inscription gravée en haut du manche.

— Ayoye, c'est une Boucher!

Sam scrute les alentours, avec un air inquiet. Il hésite un moment, puis son visage s'éclaire:

— Aimerais-tu l'essayer? On va l'amener au parc!
— Ben là, j'suis pas trop sûre... J'voudrais pas l'abîmer.
— Voyons, j'te fais confiance!

Sa phrase n'est pas finie qu'il a fermé l'étui et lui tend l'instrument en souriant à pleines dents. Les Labatt sous le bras, il l'invite à le suivre dans les rues du village. La pluie fine tombe encore, imbibant leurs vêtements. Le sac en papier brun devient vite détrempé, et les frites ramollies pendouillent entre leurs doigts. Ils sont pris d'un fou rire en voulant les manger. Sam passe son temps à rire. D'un grand rire contagieux, légèrement déjanté. Ce qui plaît à Léa, la sort de sa grisaille, lui donne envie de vivre.

Quand ils arrivent au parc, un rayon de soleil traverse le voile de pluie, illuminant les arbres. Le sable qui couvre le sol devient brun cassonade et les modules de jeux exposent leurs couleurs vives, avec plus de netteté. Léa agrippe les chaînes d'une balançoire en bois pour y poser les fesses, après avoir pris soin d'en éponger le siège. Sam s'assoit à côté et décapsule deux bières avec des gestes rapides. Léa le remercie en attrapant la sienne.

— À nous deux ? propose-t-il.

— OK… répond Léa, dont le visage s'empourpre.

Les bouteilles s'entrechoquent avec un tintement sec.

— J'essaie pas d'te cruiser, ou quelque chose dans le genre. C'est juste que j'te trouve cool.

— Ben voyons, je sais ben ! Tu sors avec Gitane.

Sam acquiesce de la tête en tirant de sa poche un paquet de cigarettes qu'il propose à Léa.

— Non merci, je fume pas.

— Tu fais ben, reprend Sam, avant de s'allumer. Ouin, Gitane, justement… elle a pété sa coche au début d'la soirée. Y'a fallu que j'me sauve, avant qu'a m'assassine. 'Est jalouse, ou de quoi de même. J'pas sûr d'être en amour.

— Lui as-tu dit, au moins ?

— Ç'a comme pas adonné…

Il continue de parler, tout en creusant le sable à l'aide de son talon, tire sur sa cigarette à toutes les cinq secondes, fait pivoter son banc, examine les maillons qui tiennent la balançoire en les faisant tourner entre le pouce et l'index. Léa observe le ciel et l'écorce des bouleaux qui prennent une teinte rosée, propice aux confidences.

Sam lui raconte alors que sa mère l'a shippé dans le Bas-Saint-Laurent parce qu'elle était tannée de ses petites magouilles.

— J'suis pas vraiment un ange, si tu vois ce que j'veux dire ?

Quand Léa lui répond qu'elle s'en serait douté, il lui fait un clin d'œil. Dégourdie par l'alcool, elle lui parle de Suzanne et du voyage dans l'Ouest qui les a conduits là, à Saint-André-sur-Mer, plus ou moins par hasard. Elle désenclenche les clips de l'étui à guitare, examine l'instrument, puis le soulève doucement.

Sam fouille le fond de ses poches avec fébrilité, avant de s'accroupir pour tâtonner dans le sable. Dans la minute suivante, il brandit son briquet avec un air vainqueur. Léa relève la tête, fixant le rond de fumée qui s'échappe de sa bouche. Il s'assoit sur le sol face à la balançoire en s'ouvrant une autre bière. L'obscurité s'installe quand la voix de Léa commence à résonner, à la fois grave et douce. Les mots de la chanson se faufilent entre leurs gestes. Sam en fredonne des bribes, mais il n'a pas le bon rythme. Léa fait de gros efforts pour réprimer son rire et rester concentrée.

I want you by my side
So that I never feel alone again

Léa range la guitare avec délicatesse. Les yeux de Sam insistent chaque fois qu'ils croisent les siens. Elle détourne le regard en sentant une chaleur lui monter dans l'échine. Le ciel s'allume d'étoiles au-dessus du parc à jeux. Ils continuent de parler en sirotant leurs bières, leur voix montant d'un cran après quelques bouteilles. Entre deux éclats de rire, ils entendent un oiseau lancer un son flûté. Léa se penche vers Sam, l'invitant à se taire. Le chant résonne encore, avec plus de netteté. Elle tend son téléphone en marchant vers l'arbuste où se cache le passereau, dont elle cueille le refrain. Elle revient près de Sam, s'assoit à ses côtés, lui explique sommairement qu'elle fait une banque de sons. Elle lui raconte l'histoire du vieux magnétophone, qu'elle voudrait retrouver pour poursuivre le projet amorcé par sa mère. Il se met à chercher tous les sons fatigants qu'elle pourrait attraper : une sirène d'ambulance, quelqu'un en train de vomir, un chien qui jappe trop fort. Léa fronce les sourcils en semblant réfléchir à ses propositions.

— C'est pas que j'veux partir, finit par lâcher Sam, mais faut que je fasse un bout. J'ai des choses à régler dans le coin de Rivière-du-Loup.

— Je voudrais pas te retenir…

Ils reviennent sur leurs pas pour rejoindre le casse-croûte où se trouvent le vélo et la Honda Civic. Avant de quitter Léa au pied d'un lampadaire, Sam prend un air coupable, tout en cherchant ses mots :

— Heille, j'me sens vraiment mal, mais… t'aurais pas cinq piasses ? Faudrait que je mette du gaz, pis j'ai comme pus une cenne.

Léa fouille dans son sac et lui tend vingt dollars, arguant qu'avec un cinq, il n'ira pas bien loin. Sam feint de protester en empochant l'argent, tout en lui promettant de la rappeler bientôt.

Martin patiente encore assis sur la galerie, alors qu'il se fait tard. Léa n'est pas rentrée à la fin de son shift. Quoiqu'elle ait des sorties assez régulièrement, elle a pris l'habitude de le tenir au courant. Il ne peut s'empêcher de regarder son cell à toutes les deux minutes. En se traitant de père poule, il le pose à ses pieds, puis fouille le fond de ses poches pour prendre une cigarette. Léa, toujours présente au milieu des volutes, accompagne ses pensées.

Il ne vit que pour elle, depuis bientôt six ans. Soucieux de l'apaiser et de l'aimer pour deux. Prêt à calmer ses crises, à lui prêter l'oreille, à bricoler du sens pour éviter qu'elle sombre en pensant à sa mère. Et à travers tout ça, il doit tenir le fort, gérer le dépanneur, se plaquer un sourire au milieu du visage, être un point de référence dans la communauté; quelque chose de solide, comme une roche granitique.

Martin renverse la tête, en quête d'étoiles filantes. Il voudrait faire un vœu, tenter de remplir le vide entre les points de lumière. Il voudrait en finir avec l'idée absurde qu'il devrait se racheter, cesser de s'en vouloir pour la mort de Suzanne. Il serait peut-être temps de passer à autre chose.

Tandis qu'il réfléchit, il entend un bruit de roues qui font lever le gravier. Puis sa fille apparaît, descend de son vélo, et monte sur la galerie.

— Allô, p'pa! Ça va bien?

— Tranquille, répond Martin. Vous avez fermé tard?

— Non, pas si tard que ça… J'suis passée par le parc. J'avais pas le goût de rentrer.

Martin entrouvre les lèvres, se ravise aussitôt. Il préfère éviter de poser des questions qui pourraient la froisser. Léa s'assoit près de lui, levant le nez au ciel.

— Qu'est-ce que tu faisais de bon?

— Je comptais les étoiles.

— T'en as compté combien?

— Au moins 650…

— Tu fais comme le monsieur! Tsé, dans *Le petit prince*?

— Tu parles du businessman?

— C'est ça! Le businessman!

— J'pourrais vendre mes étoiles au lieu de les garder.

— T'es sûr de ton idée?

— Oui, c'est un bon concept. Les gens se garrocheraient: «ADOPTEZ UNE ÉTOILE!»

Martin allonge le bras pour mimer une enseigne en train de s'allumer, de la gauche vers la droite.

— Je lâcherais le dépanneur. J'aurais enfin la paix.

Léa éclate de rire.

— Tu viens d'tomber dans le jus, avec les grandes vacances ?

— Ouin, on peut rien te cacher. Estelle est en congé. J'me tape toutes les commandes. Des montagnes de saucisses et de chips au vinaigre pour assouvir la faim des familles en camping. Sans parler d'la Coors Light…

— Ça change pas, fait Léa.

Martin la dévisage, un peu découragé.

— Pis l'hiver, y se passe rien, ajoute-t-elle aussitôt.

Elle voit l'air ahuri que vient de prendre son père.

— Ben quoi ? J'ai pas raison ?

Martin prend les Player's déposées à ses pieds. Léa le regarde faire avec un air déçu. Il lui avait promis qu'il arrêterait de fumer au début de l'été. Elle esquisse un sourire en lui touchant la main.

— Tsé, j'suis vraiment contente qu'on passe du temps ensemble. De même, sur le perron, à rêver des étoiles.

— Moi aussi, j'suis content.

Ils se taisent un moment, écoutant les grillons qui remplissent la galerie de leur chant métallique. Léa réprime l'envie de les enregistrer. Elle se sent somnolente et laisse la brise d'été lui caresser la joue.

Alors qu'elle ferme les yeux, Martin allonge le bras pour prendre une couverture. Comme il se tient penché pour abriller sa fille, il peut sentir l'odeur qui lui colle à la peau : un mélange de bière cheap et d'huile à patates frites.

4

Les clients se font rares, en milieu de journée. Léa se ronge les ongles au comptoir du casse-croûte. Elle consulte ses messages, espérant secrètement que Sam donne signe de vie. Martha lui tourne le dos et penche ses épaules larges sur un jeu de mots croisés.

— Une posture de yoga… grommelle-t-elle pour elle-même. Tu connais ça, Léa ? C'est un mot de trois lettres !

— Ça me vient pas, vite de même ! Je connais juste le cobra !

La cuisinière transpire dans son tablier blanc taché par la friture. La brise ne pénètre pas par la fenêtre ouverte au-dessus de sa tête.

— Cobra, répète Martha, dont le visage rougeaud prend une drôle d'expression. C'est pas le bon nombre de lettres…

Léa relève les yeux et aperçoit Gitane en train de s'approcher, marchant d'un pas rapide. Elle porte une camisole à motifs vert et brun et une paire de leggings. Une casquette couvre la frange qui lui tombe sur les yeux.

— T'aurais pas vu le beau Sam ?

Léa est intriguée.

— Comment ça, tu l'trouves pas ?

— Ben non. Y'a pas d'allure ! On avait rendez-vous en face du bar laitier. J'ai attendu une heure ! Y s'est jamais pointé. Trop débile pour répondre quand j'envoie des textos…

— Ha ouin ? C't'un peu bizarre…

— Y me niaisera pas longtemps. Y'est p't'êt' ben cute de même, mais j'me laisserai pas faire !

— T'as raison, dit Léa, un peu embarrassée. Voulais-tu quelque chose ?

— Donne-moi donc un café. Ça va me calmer les nerfs.

Léa verse du café dans un gobelet de carton qu'elle tend à la jeune fille.

— Pis toi, demande Gitane, qu'est-ce tu fais de ton été ?

— Ben, tsé, je travaille ici.

— C'est plate à mort dans le boute… J'ai même pas trouvé de job.

— Y cherchent du monde à' serre.

— Pour faire du rempotage ?

Gitane fait la grimace, avant de chuchoter, en surveillant Martha :

— C'est parce qu'y me doit d'la weed. J'suis comme, un peu en manque. Ça m'fait rusher pas mal… Pis tsé, je l'ai ben vu, comment y t'regardait quand on est venus l'autre soir. Y fantasme sur les nerds !

— Attends, quoi ? fait Léa.

Gitane triture la chaîne qu'elle a toujours au cou.

— S'cuse-moi. J'suis pas du monde. C'est juste que t'as d'la classe. Même dans ton kit de job ! C'pas des farces, y te va ben !!

— J'vais prendre le compliment ! dit Léa en riant.

— Prends-le, répond Gitane. J'te le dis, j'conte pas d'la marde. T'as une grâce naturelle. Moi, même si j'm'arrange cute, c'est pas la même affaire.

Léa secoue la tête.

— Arrête, t'es vraiment belle. Je le pense pour de vrai.

Gitane a l'air émue. Elle regarde ses souliers pendant un court instant, puis sourit à Léa.

— J'peux-tu te texter, des fois ?

Martin sert une cliente, tout en jetant un œil sur le bon de commande qu'il essaie de remplir depuis bientôt une heure. Par la porte entrouverte, il aperçoit le fleuve qu'aucun souffle ne soulève. L'odeur forte du varech lui chatouille les narines. Elle est omniprésente à Saint-André-sur-Mer. Comme une vieille connaissance, un repère familier qui lui apporte la paix entre deux hordes de clients.

Il sait qu'en fin de journée, les gens vont affluer pour acheter des saucisses et des canettes de bière avant de repartir vers leur terrain de camping. Certains seront en quête de la microbrasserie, du poisson le plus frais ou de produits locaux. Il les renseignera avec un grand sourire, feignant la bonne humeur, comme à son habitude, faisant les mêmes vieilles blagues pour mettre le monde à l'aise, observant du coin de l'œil si elles font toujours rire. Cachant qu'il est tanné de croupir au comptoir de ce petit commerce qui ne lui ressemble plus.

Il salue la cliente avec un air aimable. Son esprit tourne à vide devant la liste d'articles qui défile sur l'écran. Il hésite un moment sur la quantité de bière dont il aura besoin. L'envie de s'en ouvrir une le titille un moment, avec celle de fumer, qui le poursuit toujours. Il pousse un long soupir, avant de composer le numéro d'Estelle.

— ... J'ai personne à la caisse. Peux-tu rentrer plus tôt ?

— Ça tombe ben, répond-elle, j'm'ennuyais de mon bord ! J'vas être là dans pas long.

Soudainement inspiré, Martin pose une question :

— Aurais-tu l'goût de m'aider à gérer la patente ? Je pourrais t'augmenter dès la semaine prochaine.

— Attends, patron, j'm'en viens. Ça m'intéresse certain !

Il pose son téléphone, la tête déjà moins lourde.

Pieds nus sur la galerie, Léa tire sur la corde à la poulie grinçante. Elle fouille dans le panier rempli de linge mouillé et en sort un t-shirt, qu'elle accroche distraitement près d'une robe en coton. Un vent frais s'est levé, traînant dans son sillage une odeur de terre noire. Martin fait la cuisine en sifflotant gaiement. Elle entend son couteau qui s'abat sur une planche à un rythme régulier.

Il y a près de quatre jours que Sam a disparu, en disant à Léa qu'il rappellerait bientôt. Depuis, c'est le silence. Gitane lui a confié qu'il était revendeur quand il était en ville et devait l'être encore.

— Tsé, c'te genre de gars, là, qui part une couple de jours sans rien dire à personne pour faire des affaires croches, pis qui revient après, comme si de rien était… Ça doit être ça qui se passe.

Léa relève la tête et voit un véhicule qui s'engage dans l'allée. La femme qui en descend ajuste sa chemise blanche et ses pantalons noirs, avant de passer la main dans ses cheveux platine. Elle monte sur la galerie avec ses talons hauts qui en martèlent les planches, et demande à Léa si elle peut voir son père. Quand Martin apparaît, il semble la reconnaître.

— Anne-Marie! Ça va bien? Qu'est-ce que je peux faire pour toi?

— J'ai pas vu mon neveu depuis mardi passé! Tu l'aurais pas croisé, des fois, au dépanneur? Un garçon assez grand, avec les cheveux bruns, qui roule une vieille minoune pis boit beaucoup de Monster…

Léa comprend alors qu'elle est la tante de Sam.

— J'pense que j'vois, fait Martin, en se tournant vers sa fille.

— Je l'ai pas revu après, ment-elle, embarrassée.

— T'es certaine? demande-t-il, alors qu'elle baisse les yeux.

— Peut-être à la cantine, pendant l'heure du souper…

— Y t'a parlé de ses plans? renchérit Anne-Marie.

Léa avoue alors qu'il avait mentionné le coin de Rivière-du-Loup.

— C'est ben ça que j'pensais… marmonne la tante de Sam. Merci du renseignement.

Martin la raccompagne dans l'allée de gravier. Léa étire le cou derrière un drap contour pour entendre ce qu'elle dit :

— Si y'est rendu là-bas, c'est pour faire des magouilles, comme il l'a toujours fait. Je sais pas ce qui m'a pris de l'accueillir chez moi. Sa mère était à bout. Elle pensait que le grand air lui replacerait les idées. Mais si ça vire de même, j'vais pas le garder longtemps. Y'arrive à dix-huit ans, y'est temps qui se prenne en mains. Sinon, c'est la prison, pis ça sera pas ben long !

Léa sent qu'elle étouffe depuis la confession qu'elle n'a pas pu retenir. Elle se prend à rêver de partir avec Sam, pour s'extirper enfin de cette vie monotone qui l'ennuie à mourir. Elle voudrait être libre, faire ce qu'elle veut, quand elle veut, sans penser au lendemain. Quelque chose va se produire. Elle le pressent, soudain, dans le fond de son ventre. Et c'est vertigineux.

Léa entend claquer la portière d'Anne-Marie, sa voiture qui s'éloigne, puis les pas de Martin, qui s'arrête devant elle.

— Viens-tu manger de la soupe ?

Elle laisse tomber l'épingle qu'elle tenait dans sa main.

Le repas terminé, Léa retourne dehors, afin d'attendre Gitane, qui vient de lui écrire pour s'inviter chez elle. Le ciel change de couleur alors qu'elle s'assoupit dans une chaise de patio. Le tintement d'un texto lui fait ouvrir les yeux.

Le nom de Sam apparaît.

Je passe dans le coin bientôt!

Léa retient son souffle en attendant la suite. Mais celle-ci ne vient pas. Les questions se bousculent dans le fond de sa tête. Bientôt, mais bientôt quand? Fallait-il lui répondre? Qu'est-ce qu'elle pourrait lui dire?

— Hé, oh! lance une voix forte en bas de la galerie. Y'a-tu du monde icitte?

Léa échappe un cri, soudainement extirpée de sa vie intérieure. Gitane est devant elle, un six-pack à la main.

— Je t'avais pas entendue! dit Léa, agitée, en déposant son cell. T'as ben pas fait' de bruit!

— Tu t'es pas vu la face! fait Gitane en riant. Ma mère m'a débarquée au bout du chemin d'entrée. J'm'en venais en mode ninja…

Elle dépose le six-pack et s'assoit sur une chaise.

— Faut que j'te raconte ça… Y'a la matante de Sam qui est passée par chez nous. Elle a su par quelqu'un que je l'avais comme frèque. A voulait me demander si j'étais au courant de ses petites affaires. Ben non madame, j'sais rien! Pis le pire, c'est que c'est vrai…

— T'as toujours pas de nouvelles?

Gitane secoue la tête.

— Anyway, y'est pas fiable… Je vaux pas mal mieux que ça.

— C'est vraiment ça qu'tu penses?

— Léa, ça me dérange pas. Tu peux sortir avec.

— Woh! Scuse, de quoi tu parles?

— Ben là, ça se voit tellement. T'as l'air super dans' lune. Pis sa tante, elle m'l'a dit, qu'elle était venue ici avant de passer chez nous. Tsé, a bavasse pas mal…

— Qu'est-ce qu'elle est allée te dire?

— Que t'as vu Sam, l'autre soir, juste avant son départ.

— OK, j'avoue, c'est vrai. On est allés au parc…

— C'était-tu le fun au moins?

— Arrête! On a rien fait.

— J'm'en fous, Léa, j'te dis! Bon, tu veux-tu une bière? C'est la Bud de ma mère.

— OK, répond Léa, avec un air méfiant.

Gitane ouvre deux canettes.

— J'change de chum aux deux semaines. J'étais déjà tannée. Si tu le trouves de ton goût, t'as juste à te lâcher lousse.

— Gitane, y'est même pas là…

— J'suis sûre qu'y t'a écrit.

Léa détourne la tête.

— Ouin. Il revient bientôt…

— M'en doutais, fait Gitane en prenant une gorgée. Mais, tu feras attention. Tsé, moi j'en ai vu d'autres. Je l'sais ben, c'que ça donne, les p'tits bums dans son genre… M'man s'est fait mettre enceinte par un de ses premiers chums. A m'a élevée toute seule, dans des conditions d'marde…

Gitane raconte alors la vie avec sa mère, rongée par l'alcoolisme, quand elle était petite. Les bouteilles entassées au milieu du comptoir, les négligences multiples, les crises liées au manque, et les familles d'accueil souvent dysfonctionnelles chez qui elle a vécu.

Léa est étonnée de la sentir si forte. Elle se livre à son tour, en évoquant Suzanne, son geste irréparable, le vide qu'elle a laissé. La fuite avec Martin. La torpeur qui la prend sans qu'elle ne s'y attende. L'envie de liberté qui fourmille dans ses membres.

En appuyant leurs jambes à la rampe du patio, elles se content leurs déboires et se donnent des conseils, se découvrant complices.

Gitane finit sa bière en faisant la grimace.

— Pareil, ça goûte la pisse.

Léa se tourne vers elle, en fronçant les sourcils. Puis elle éclate de rire tandis que le jour meurt sur le fleuve Saint-Laurent.

5

Le lendemain, à 8 heures, Léa rentre du casse-croûte avec un mal de tête. La lumière est dorée quand elle monte dans sa chambre. Le peuplier baumier qui bruisse à sa fenêtre projette l'ombre de ses branches sur le mur opposé.

Un rayon de soleil frôle une boîte en carton qui repose sur son lit. Le contenant est ouvert, laissant voir des cassettes, amoncelées pêle-mêle, et le magnétophone à l'aspect démodé.

Léa dépose son sac sur le plancher de bois. Elle comprend mal pourquoi elle a dit à son père de retrouver la boîte, alors qu'elle en a peur, maintenant qu'elle se trouve là. Elle se rend jusqu'au lit, s'y assoit en tailleur pour fouiller le carton. Elle sort quelques boîtiers, regarde les inscriptions tracées en lettres carrées : chants d'oiseaux, parc urbain, ruisseaux et bord de mer… Elle remarque qu'une cassette ne porte pas d'inscription sur le côté visible. Elle la sort du boîtier et, en la retournant, découvre une étiquette ou est inscrit : MARTIN.

Incapable de bouger, elle fixe chacune des lettres inscrites au stylo rouge. Il lui semble qu'elles clignotent, comme un avertissement au bord d'une autoroute.

Le signal d'un danger qu'il faudrait contourner. Elle dépose la cassette, la reprend de nouveau, finit par l'insérer dans le magnétophone.

Après un temps d'attente, une voix faible et tremblante, remplie d'hésitations, jaillit du haut-parleur.

Martin, faut que j'te parle… J'me sens tellement perdue… J'pense que j'suis rendue folle. J'arrive pus à chanter, j'arrive pus à me lever, à m'occuper de Léa… Je le sais, j'suis pas facile. Je l'ai jamais été. Mais là, ça a pus de bon sens. J'me comprends vraiment pus. Tu me dis que ça va passer, mais je me casse en morceaux…

Le haut-parleur grésille d'un sanglot étouffé.

Quand je me suis levée, t'étais plus dans l'appart. T'es parti sans ton cell! Je sais ben que tu m'as dit que tu t'en irais prendre l'air, mais faut que j'puisse t'appeler! J'ai besoin de te parler. Tu m'as laissée toute seule. Je peux pas rester toute seule. Tu l'sais que j'ai besoin de toi!

Un déclic marque une pause dans l'enregistrement. Puis la voix de Suzanne devient plus menaçante.

J'ai trouvé son message en ouvrant tes textos… Elle t'attendait chez elle… La Française de Percé. Je l'sais depuis le début… Martin, comment t'as pu… Je vous ai vus ensemble, devant la librairie. J'étais allée là-bas pour te faire une surprise. Tu la serrais contre toi. Je l'ai reconnue tout de suite, avec ses cheveux roux. Quand t'es rentré, après, j'ai fait semblant de rien… J'voulais juste oublier… Avant que tu m'abandonnes, c'est moi qui vais partir. Je serai plus un fardeau, tu pourras vivre ta vie… La refaire avec elle… Avec qui tu voudras.

Encore un grésillement.

Mais Léa, ma Léa. T'es partie toi aussi. J'espère que tu t'amuses. J'voudrais tellement te revoir. Je pourrai pas t'attendre. Pardonne-moi, mon bébé... J'vais te chanter une chanson...

Suzanne fredonne un air que Léa reconnaît sans pouvoir le nommer. Et puis, c'est le silence.

Léa regarde la bande qui continue de tourner. Le vent s'intensifie dans le feuillage de l'arbre, s'insinuant dans son crâne pour y prendre toute la place. Elle s'empare d'une cassette restée près du carton, tirant sur le ruban pour la débobiner, avant de la lancer avec un geste rageur. Un trophée dans une main, elle se met à genoux et frappe de toutes ses forces pour la réduire en miettes. Elle entend le plastique éclater en morceaux, comme des os qui se disloquent.

Le soleil est plus bas et les ombres ont grandi pour envahir la pièce. Les branches du peuplier s'étirent jusqu'au plafond, comme une longue main difforme. Il y a bientôt une heure que Léa est assise dans un coin de la chambre, la tête entre les bras, quand son téléphone sonne. Reconnaissant Gitane, elle se met à parler avec une voix aiguë, en poussant des sanglots.

— Faut que tu viennes me chercher!

— Ben voyons, qu'est-ce qui se passe?

— C'est trop long à conter, mais j'veux sortir d'icitte!

— ... Ça tombe bien, on s'en venait. Sam est rentré tantôt. On va camper au Bic.

Ces mots secouent Léa, faisant bondir son cœur comme un électrochoc.

— Vous passez me prendre... tout de suite ?

— Niaise pas pour faire ton sac, on part dans deux minutes.

Léa se lève d'un bond, décidée à partir sans l'accord de Martin. Elle doit se dépêcher, avant qu'il ne revienne. Elle ne veut plus le voir, ne veut plus lui parler. Elle voudrait effacer les paroles de Suzanne, les souvenirs de Percé qui lui reviennent en tête. Tout lui semble embrouillé et elle n'y comprend rien.

Elle pousse un cri rageur pour libérer sa tête, attrape le sac à dos rangé dans son armoire. Elle y tasse des vêtements et une couverture chaude, le passe à ses épaules. Elle prend l'enregistreuse, descend dans la cuisine, la dépose sur la table, fait reculer la bande, écrit une courte note et se faufile dehors. Elle longe les conifères pour remonter l'allée puis s'assoit sur son sac, triturant nerveusement une de ses boucles d'oreilles. Le bruit de la Civic lui fait lever les yeux. Sam arrête le moteur. Il lui fait un sourire par la fenêtre baissée, en appuyant un coude au bord de la portière.

— Attends, je t'ouvre le coffre !

Léa range son bagage et s'installe à l'arrière, entre des canettes vides et de vieux sacs de chips, écrasant un gobelet qui se trouve à ses pieds. Gitane se penche vers elle, en lui prenant la main.

— J'suis là pour toi, ma belle. Tu me conteras toute tantôt.

Léa la remercie avec les yeux mouillés. Sam lui offre un Guru, qu'elle boit à longues gorgées, alors qu'il redémarre dans un crissement de pneus.

— Wouhou! s'exclame Gitane. On part à l'aventure!

— On s'en va pour longtemps? les interroge Léa.

— Ça dépend de vous, dit Sam. J'peux vous ramener demain. Mais moi, j'reste pas icitte. Ma tante est au courant. A veut pus me voir la face…

— Jusqu'où tu penses aller?

— Je sais pas trop encore. J'suis en train d'y penser.

La voiture quitte les rangs et gagne la 132. Léa reconnaît l'air du vieux hit de hard rock que vient de mettre Gitane. Son père l'aimait beaucoup quand elle était petite. Les mots de *Sweet Child O' Mine* résonnent dans l'habitacle. Elle croise les yeux de Sam dans le rétroviseur, tandis que Gitane s'applique à chanter à tue-tête les paroles de la fin, qui se répètent en boucle, comme une question pressante.

Where do we go? Where do we go now? Where do we go?

6

Ils descendent une longue côte, d'où ils peuvent voir le Bic et ses îlots rocheux, éclairés par la lune. Une fois passé le parc, Gitane pointe un chemin légèrement à l'écart.

— C'est là qu'y faut tourner!

Elle explique à Léa qu'une de ses vieilles amies, qui vit à Rimouski, lui a décrit un spot où on pouvait camper. Sam bifurque vers la droite et s'engage sur un pont qui enjambe une rivière. Le chemin continue en direction du fleuve pour finir en cul-de-sac face à l'un des îlots. Sam interroge Gitane en coupant le contact.

— T'es sûre de ton affaire?

— Certaine! C'est pas ben loin, a m'a tout expliqué.

Léa sort la première. Elle remarque deux maisons aux fenêtres condamnées, au sommet d'une colline. Elle prend son sac à dos et commence à marcher en suivant ses amis. Ils gagnent l'estran rocheux bordé de conifères, marchant tantôt près de l'eau, tantôt dans un sentier qui grimpe dans la falaise.

— C'est là! s'exclame Gitane, en pointant un rond de feu sur le bord d'une corniche.

Les deux filles l'ont rejoint en quelques enjambées.

— J'm'occupe du feu ! crie Sam.

Il file vers le boisé en quête de combustible. Elles peuvent entendre ses pas qui résonnent dans la nuit, des bruits de branches cassées et des bribes de chansons qu'il sifflote entre ses dents.

Gitane déballe la tente, qu'elle monte avec Léa. Sam fait plusieurs voyages, les bras chargés de bois qu'il laisse tomber au sol, avant de repartir en courant entre les arbres. Gitane fronce un sourcil, les deux mains sur les hanches.

— Ça va être beau tantôt !
— Ha ! Comment ça, au juste ?
— On va faire des pinottes. Y'est déjà assez rushant…
— Vous allez prendre du speed ?
— Ben oui, c'est l'fun, dehors.
— Je connais pas trop ça…
— T'aimerais-tu mieux du mush ?
— Oui, ok, dit Léa, sans oser lui avouer qu'elle ne prend aucune drogue, à part du cannabis.

Le tas de bois de Sam devient un monticule des plus impressionnants. Il se met à genoux pour saisir quelques branches qu'il dispose en tipi, fait craquer l'allumette qu'il avait entre les dents et l'approche de l'écorce qu'il a coincée au centre.

— Y'est quand même efficace, dit Léa à Gitane.
— J'peux comme pas t'ostiner…

Léa s'approche du feu et s'assoit face à Sam, sur un tronc d'épinette. Il lève les yeux vers elle, avec son grand sourire.

— J'vas nous garder au chaud!

Le temps d'une brève seconde, ils se croisent du regard.

— As-tu fini de cruiser? lance Gitane, agacée.

— Ah, come on, j'la cruise pas! Pis, même si j'la cruisais, ça serait pas de tes affaires. On est même pus ensemble, c'est toi qui me l'as dit!

— T'as raison, dit Gitane. C'est moé qui a pas rapport. J'vais aller voir ailleurs. C'est pas les gars qui manquent!

Sam ne semble pas comprendre.

— Ben non, voyons, c't'une joke. Y'a pas un chat icitte... Je m'en vais chercher la bière, pis le pack de saucisses. Ça va me faire passer l'temps...

Elle s'éloigne dans le noir, de son pas saccadé. Sam alimente le feu et prend un bout de carton, qu'il bouge à toute vitesse pour aviver les flammes.

— J'pense qu'il est pas mal pris, fait remarquer Léa.

— Ouin, c'est vrai. T'as raison. Y manque juste les saucisses.

Sam dépose le carton et se tient plus tranquille. Ils échangent quelques mots en attendant Gitane, qui revient peu après avec les provisions. Elle s'assoit sur le tronc et leur ouvre trois canettes avec des gestes rapides. Léa chasse un moustique au vrombissement tenace. Gitane se rapproche d'elle pour lui jouer dans les cheveux.

— Raconte-nous donc c'qui se passe.

Léa secoue la tête.

— T'étais en gros badtrip, quand j't'ai appelée tantôt…

— C'est à cause de ma mère.

Léa regarde les flammes, en cherchant à poursuivre.

— J'viens de trouver un message qu'elle a enregistré le jour où… elle est morte. Elle raconte des affaires, avec une voix bizarre. Que mon père la trompait, qu'il prenait pas soin d'elle. Elle me chante une berceuse, nous dit qu'elle va partir, qu'elle pourra pas m'attendre…

Léa laisse un silence.

— J'étais au camp de vacances quand elle s'est suicidée.

— Ah, shit… murmure Gitane, en l'entourant de ses bras.

— On peut-tu faire de quoi ? demande Sam, attentif.

Léa secoue la tête, incapable de répondre. Gitane la serre plus fort et lui caresse le dos. Le crépitement du feu achève de l'apaiser. Elle se perd dans les braises pour y voir des dragons, des créatures étranges, qui prennent de nouvelles formes aussitôt qu'elles s'estompent.

Sam déballe les saucisses et les pique sur des branches. Ils en prennent chacun une et les approchent des braises, en les faisant tourner. Les flammes encore trop fortes boursoufflent la chair rosée, formant des bulles de graisse qui dégouttent sur le sol.

Après ses deux hot-dogs, avalés d'une bouchée, Sam part en éclaireur. Il revient rapidement, fier d'annoncer aux filles qu'il a trouvé une crique. Ils empruntent un sentier qui descend entre les roches. La lune perce un nuage.

— Malade ! s'exclame Gitane, une fois sur le rivage.

Sam sort une cigarette qu'il allume aussitôt. Gitane la lui dérobe et en tire une bouffée qu'elle lui souffle au visage.

— Ha ha, c'est ça, t'es drôle ! Si tu continues de même, t'auras pas ta pinotte !

— Léa veut faire du mush. J'peux partager ma part.

— All right, du mush, d'abord !

Sam fouille au fond de sa poche. Assise sur une roche plate, Léa le voit ouvrir une boule d'aluminium. Gitane prend la moitié des champignons séchés qu'elle redivise en deux.

— Tiens Léa, c'est pour toi !

Léa prend sa portion et commence à mâcher en faisant la grimace.

— Ça goûte donc ben dégueu !

— Quoi, c'est ta première fois ? Prends ça doucement ma belle…

Léa ferme les paupières pour écouter les vagues, attendant patiemment qu'il se passe quelque chose.

— On dirait que ça m'fait rien.

— Ben là, patiente un peu. C'pas encore décollé !

Sam regarde les deux filles, en mâchant sa portion le plus lentement possible. Après une longue attente, Léa est envahie d'une sensation étrange. Gitane s'adresse à elle, mais sa voix est lointaine, comme le son d'une radio qui viendrait d'une autre pièce. Une pièce ensoleillée où Suzanne se prélasse en lisant un roman. Ses perceptions s'embrouillent. Elles sont à l'intérieur autant qu'à l'extérieur. Elle entend des oiseaux qui chantent dans un jardin où elle ne peut se rendre. Sam s'est rapproché d'elle.

— Hé, Léa, j'te parlais… T'as l'air vraiment partie.

Léa voit son visage légèrement embrouillé. Il lui semble bienveillant. Elle se dit en elle-même qu'il est son ange gardien et qu'il va prendre soin d'elle.

Gitane court vers la mer en ôtant son chandail. Elle se retourne vers eux et leur envoie la main. Un petit anneau rond lui entoure le nombril. Elle avance dans le fleuve en poussant un long cri. Léa la suit des yeux, alors qu'elle bouge les bras pour faire clapoter l'eau. Le chemin argenté que la lune y traçait se brise en mille morceaux. Sam grimpe sur un rocher. Léa veut le rejoindre, mais elle se sent trop lourde. Elle a la sensation de s'enfoncer dans le sol, à la manière d'un arbre dont les racines s'étirent vers le monde minéral. Elle devient le pommier qui poussait dans sa rue, quand elle était petite, et se couvrait de fleurs à la fin du printemps.

Sam revient auprès d'elle et se tient immobile durant quelques secondes. Il aperçoit une larme qui trace un mince sillon au milieu de sa joue. Il l'essuie de la main, l'incite à se lever en lui tirant le bras. Il choisit des cailloux, qu'il lance l'un après l'autre pour les faire ricocher à la surface de l'eau. Léa en saisit un, afin de lui montrer combien elle est habile, mais le caillou retombe en faisant un grand *plouf* qui résonne dans la nuit.

Sam lui donne un coup de coude et ils s'écroulent de rire, à s'en tenir le ventre, sans pouvoir s'arrêter. Léa essaie de parler mais, n'y arrivant pas, elle s'esclaffe de plus belle.

— C'est que, c'est que, c'est que…

— C'est quoi ? lui demande Sam, en reprenant son souffle.

— Venez-vous-en ! crie Gitane en agitant les bras. J'vous jure qu'est même pas frette !

En voulant se pencher pour ôter ses sandales, Léa a un vertige. Sam lui donne un coup de main, accroupi à ses pieds. Alors qu'il se redresse, elle enlève son chandail sans détourner les yeux. Il avale sa salive avec difficulté, en soutenant son regard, puis l'entraîne vers le fleuve.

Martin revient chez lui autour de 22 heures et entre par la cuisine. La pièce est silencieuse. Il tâtonne dans le noir, allume le plafonnier, aperçoit le message et le magnétophone déposés sur la table.

Je pars pour un petit bout. Ça sert à rien de m'appeler, je ferme mon téléphone.

Martin relit la note une bonne dizaine de fois. À travers la fenêtre du vieux magnétophone, il reconnaît son nom écrit au stylo rouge. Il reste figé sur place avant de se résoudre à s'asseoir à la table et à peser sur play. La voix rauque de Suzanne, entrecoupée de sanglots, le déchire jusqu'à l'os : *Martin, faut que j'te parle…*

Il écoute le message en restant immobile, cherchant à parer le coup, le poids de la déferlante qu'il voit foncer sur lui. Il se sent inconscient, coupable, irresponsable, de ne pas avoir fouillé le contenu de la boîte avant de la laisser dans la chambre de Léa. Il voudrait lui parler, tenter de lui faire comprendre que sa mère fabulait. Qu'il ne se passait rien entre Nadine et lui. Mais en y repensant, en tentant de se convaincre de sa propre innocence, il voit qu'il a menti, au moins par omission. En cachant à Suzanne que son amie française revenait à Montréal. En lui cachant aussi qu'il allait la rejoindre, sur la rue Saint-Zotique, où elle emménageait. Pour ne pas l'inquiéter, la protéger d'elle-même. Éviter les éclats.

Il ne parvenait plus à trouver les bons mots pour calmer ses angoisses. Assis au bord du lit, d'où elle ne sortait plus, il lui avait promis que les choses s'arrangeraient, qu'il était là pour elle.

Alors qu'elle s'endormait, il a quitté la chambre le plus doucement possible. Il a pris ses messages en buvant son café. Un texto de Nadine, avec un émoji qui soufflait un baiser, disait qu'elle avait hâte qu'il vienne la retrouver. Dans son énervement, il a laissé son cell sur le bord du comptoir.

Ses pas l'ont entraîné vers le quartier Rosemont, au pied d'un l'escalier qui montait abruptement vers le troisième étage où Nadine l'attendait, en compagnie de son oncle et de deux acolytes. Il s'est mis à la tâche avec enthousiasme, heureux de soulever des meubles, de déposer des boîtes, de ne plus penser au mal qui ravageait Suzanne. Il se souvient d'une pièce qui donnait sur la rue, d'un rayon de soleil où valsait la poussière, du vieux parquet de bois qui grinçait sous ses pieds, de la brise qui entrait par la fenêtre ouverte, d'une pizza partagée avec le reste du groupe, en fin d'après-midi.

Il imagine Suzanne se réveiller toute seule dans leur appartement. Constater son absence. Trouver son cellulaire. Tomber sur le texto. Se faire des scénarios.

Qu'est-ce qui l'avait poussée à cacher son message dans le fond du carton, parmi les autres cassettes remplies de chants d'oiseaux, du sifflement du vent et du murmure des vagues? Que cherchait-elle à faire en ajoutant sa voix, teintée de désespoir, à son musée de sons?

7

Martin regarde la bande tourner dans le silence. Il repense à Nadine, qui n'a jamais rien su de la mort de Suzanne. Après ce jour terrible, il a coupé les ponts avec sa vieille amie. Ignorant ses messages, sans jamais la rappeler, pour fuir son propre malaise. Il comprend désormais qu'elle ne méritait pas d'être traitée de la sorte.

Une semaine avant le drame, elle était apparue devant sa librairie, cognant à la vitrine avec son grand sourire pour le faire sursauter. En la reconnaissant, lui-même avait souri, content de s'éloigner de sa feuille d'inventaire.

Quelque chose les reliait, par-delà la distance. Cette alchimie étrange propre aux vieilles amitiés, où jamais rien ne change d'une rencontre à une autre, malgré le temps qui passe. Il a quitté la caisse pour aller la rejoindre. Nadine était vêtue d'une minijupe orange et d'une chemise à pois, et portait des lunettes aux épaisses montures noires.

— Tu parles d'une belle surprise! T'es de retour en ville?

— Oui, je t'avais prévenu. Je dis jamais de bobards.

— T'as trouvé un logement?

— Avec l'aide de mon oncle, qui habite dans Rosemont. J'emménage ce samedi.

— T'as besoin d'un coup de main ?

— Si t'avais des dispos, j'en serais vraiment ravie.

— Y'a pas de problème, vraiment. Tu me donneras l'adresse…

— Je te l'envoie par courriel, avec mon numéro… Dis-moi, comment tu vas ?

— Pas trop mal, je dirais. La librairie m'occupe…

— Et la petite Léa ?

— Elle a pas mal grandi…

— Aussi belle que sa mère ?

En prenant son blouson, il lui a proposé d'aller parler dehors. Une employée de plancher est venue à la caisse. La journée, bien que fraîche, était ensoleillée. Adossé contre le mur d'un restaurant voisin, un punk les observait, ses yeux dissimulés sous une casquette à studs. Sa veste de jeans sans manches était couverte de badges. Un bulldog imposant, assis à ses côtés, bavait entre ses pattes avec un air mauvais.

Quand il a vu Martin, ses Player's à la main, le punk s'est approché, essayant tant bien que mal de maîtriser le chien qui tirait sur sa laisse, en cherchant à bondir.

— Heille, tu me donnes-tu une smoke ?

Avec un geste expert, le punk en a pris deux dans le paquet tendu.

— Merci mon homme, t'es blood.

— Hé bé ! a fait Nadine alors que le garçon partait avec son monstre. Tiens, je t'en pique une aussi…

Martin, sourire en coin, a sorti du paquet deux nouvelles cigarettes.

— Tantôt dans la boutique, quand j'ai parlé de ta femme... Quelque chose ne va pas ?

Lâchant un long soupir, Martin a répondu que les choses allaient mal. Il ne parvenait plus à consoler Suzanne, perdue dans sa grisaille, depuis les derniers mois. Nadine, qui l'écoutait d'un air compréhensif, a cherché à savoir si elle était suivie. Martin a confirmé qu'on lui avait prescrit un antidépresseur, mais il fallait attendre avant qu'il fasse effet.

— Si jamais ça se complique, n'hésite pas à m'écrire. Je trouverai quelqu'un d'autre pour le déménagement...

— J'ai besoin d'air, Nadine. J'aimerais vraiment être là.

Une douzaine de pigeons roucoulaient à leurs pieds, piétinant le trottoir à la recherche de miettes. Nadine s'est rapprochée pour enlacer Martin, tout en lui assurant que les choses iraient mieux. Avant de disparaître, elle a tourné la tête, lui soufflant un baiser au milieu des oiseaux qui prenaient leur envol dans un battement d'ail sourd.

Martin fait la grimace, imaginant Suzanne en train de les épier, comme dans un mauvais film. Il marche de long en large, devant la porte-fenêtre, consultant ses messages avec nervosité. Le silence de Léa lui fait perdre les pédales. Quand son téléphone sonne, il manque de l'échapper.

— Allô, scusez, y'est tard... c'est vous le père à Léa ?

Léa, Gitane et Sam remontent la côte abrupte qui mène à leur campement. Sam alimente le feu avec des mouvements lents. Léa zoome sur ses mains, sur le grain de sa peau éclairée par les flammes, sur ses yeux qui pétillent chaque fois qu'il la regarde.

Gitane l'a enveloppée dans une serviette de plage. Elle parle en continu, sans prendre la moindre pause, dans un long monologue qui ne trouve pas de fin. Sam acquiesce en silence, comme s'il comprenait tout, alors que son discours est plutôt décousu.

Le temps semble s'étirer tout en passant trop vite. Il change de consistance. Quand elle relève les yeux, Léa est étonnée de voir le ciel pâlir. Gitane annonce alors qu'elle s'en va se coucher, laissant ses amis seuls pour leur descente de mush.

Léa a l'impression que tout est moins confus, plus clair et plus réel. Sam vient s'asseoir près d'elle. Elle sent qu'il est fébrile, qu'il redevient lui-même, alors qu'elle se rapproche pour se coller contre lui.

— Tu sens bon la boucane.

Sam la regarde, curieux.

— T'es capable de parler?

Léa saisit son bras pour le serrer contre elle.

— T'as l'air d'un p'tit minou, toute à te coller comme ça. Tsé, un p'tit minou beige…

— Pourquoi beige, le minou?

— À cause de tes cheveux.

— J'ai pas les cheveux beiges.

— … Est-ce que j'peux les flatter?

Léa ferme les paupières, pour mieux sentir sa main lui caresser la tête.

— C'est l'fun quand t'es tranquille, finit-elle par lui dire.

— Le mush me ralentit. Ça m'fait vraiment du bien. Sinon, c'est pas vivable. Ça va vite dans ma tête, tu peux même pas savoir.

— T'es genre, TDAH ?

— Ouin, ça ressemble à ça. Y m'ont bourré de pilules quand j'étais au primaire, mais ça me rendait légume. J'aime mieux fumer du pot ou prendre des champignons. Mais j'prends jamais de pinottes. Le speed, pour un speedé, c'pas tant une bonne idée…

— Vous parliez pas d'en prendre, avant qu'on fasse du mush ?

— C'était l'idée de Gitane. Parce que j'en ai ramené. J'en ai plein dans l'auto…

— Qu'esse tu vas faire avec ?

— Y'a toujours des acheteurs…

— C'est ça que tu magouillais quand ta tante te cherchait ?

— J'suis pas le bon gars pour toi.

Léa relève la tête.

— Comment ça tu m'dis ça ?

— J'le dis parce que c'est vrai.

— J'm'en fous. J'veux pas rentrer. J'veux qu'on parte en voyage. J'vais payer pour l'essence.

— Tu veux que je t'amène où ?

— Je sais pas… à Percé.

— Faudrait l'dire à Gitane.

Léa remue les pieds sous la grosse couverture qu'elle partage avec Sam. Entrouvrant les paupières, elle voit la silhouette d'une branche de conifère contre la toile de la tente. La pluie pianote doucement sur le tissu bleu pâle qui prend l'humidité. Entièrement avalée par son sac de couchage, Gitane ronfle bruyamment. Léa est nauséeuse. Elle se sent écorchée quand elle pense à Suzanne, cherche à se rendormir pour engourdir sa peine, mais elle n'y parvient pas.

Elle se détache de Sam, de la chaleur de Sam, qui la fait transpirer dans son chandail de laine. Elle se met à quatre pattes pour enjamber Gitane, qu'elle entend marmonner à travers son sommeil.

Quand elle sort de la tente, il ne pleut déjà plus. Il ne reste qu'une fine bruine et un voile de brouillard, qui dissimule les arbres. Léa se recroqueville à côté du feu mort, appuyant son menton sur la pointe de ses genoux. Elle peut entendre la mer qui gronde en contrebas. Son amie la rejoint quelques minutes plus tard.

— Câlisse, j'ai mal au cœur…

Léa ne répond rien.

— Heille, le scout! crie Gitane en se tournant vers la tente. On a besoin d'un feu!

Elle sort une Bazooka qui traînait dans sa poche.

— J'me demande ben y'est quelle heure…

— Je sais pas, dit Léa. Mais… on part pour Percé.

— Qu'est-ce que tu me racontes là?

— Veux-tu venir avec nous? C'est moi qui paye le gaz.

— Ce serait pour combien de jours ?
— Je sais pas. Deux ou trois.
— Ton père va s'inquiéter. Faudrait pas que tu l'appelles ?
— Lâche-moi avec mon père ! J'ai pas le goût d'y parler !
— Y'a l'air correct, ton père… Ta mère était depress. A p't'êt' tout inventé…

Léa hausse les épaules.

— Bon, ké, j'pars avec vous, finit par dire Gitane.

— Y s'en vont vers Percé. Paraît que toute va ben.
— Comment ça, vers Percé ? Y'étaient pas juste au Bic ?
— Ben, là, l'ami de ma fille les amène à Percé !

Martin pense au petit bum.

— C'est qui, l'ami de votre fille ?
— J'sais pas, j'le connais pas. A peut ben faire c'qu'a veut…

La femme a répondu avec une voix traînante. Martin la remercie avant de raccrocher. Il ne sait pas très bien s'il doit être rassuré ou encore plus inquiet. Il connaît peu Gitane, mais se dit qu'après tout, quelqu'un veille sur Léa, qu'il sait où elle se trouve – ou du moins, à peu près –, qu'elle n'est pas en danger. Mais un étranglement lui oppresse la poitrine. La peur de perdre sa fille, qui le taraude souvent, le tient sur le qui-vive depuis la veille au soir.

8

Ils ont monté leur tente au fond de l'Anse du Nord. Une odeur de varech accompagne leur réveil, dans le brouillard épais et les embruns salés. Ils se font du café sur le réchaud de camping, avalent quelques tartines assis sur les galets, avant de plier bagage.

Un groupe de promeneurs les devance dans la rue qui débouche sur le quai. Comme les bateaux de croisière n'ont pu sortir en mer, le bruit de leurs moteurs ne trouble pas le matin. Seuls quelques goélands conversent avec les vagues. Sam marche à reculons, en faisant face aux filles, une canette à la main. Gitane, exaspérée, se plaint du mauvais temps qui leur cache «la grosse roche».

Des bouts de planches brisées qui s'amoncellent en tas, au bord de la promenade, attirent leur attention. Un employé de bateau posté près d'une guérite leur raconte qu'une tempête est venue frapper la côte il y a quelques mois.

— J'vous jure que la promenade a pris une méchante claque! C'est pas juste le début, qu'y'est tout' défait' de même. Quand le brouillard s'en va, ça fait dur en maudit.

Sam est curieux de voir, mais Léa lui rappelle qu'elle a toujours envie d'aller au bout du quai, comme ils l'avaient convenu. Il opine de la tête, en cherchant son briquet. Gitane lui tend le sien, avec un rire moqueur, puis tire le bras de Léa pour l'entraîner plus loin. Les filles s'installent ensemble au bord du parapet. Sam, qui fait les cent pas, passe et repasse encore à travers le brouillard.

Un garçon apparaît, canne à pêche à la main, et s'arrête près de Léa avec un air surpris.

— Ha! c'est là qu'on s'retrouve! T'as pris des petites vacances?

Voyant les cheveux roux et le grand corps voûté, elle esquisse un sourire.

— On peut dire ça comme ça.

Les amis du hippie apparaissent à leur tour. Vient d'abord Sabrina, qui porte une camisole et un foulard à franges. Elle précède Amélie, une fille petite et ronde, aux cheveux coupés ras, qui a plusieurs piercings. Loïc arrive derrière, à côté de François, qui transporte une chaudière. Le premier est trapu, avec les cheveux noirs, alors que l'autre est blond et plutôt élancé.

— Pis moi, ben, c'est Simon.

En prononçant ces mots, il se tourne vers Gitane, en lui tendant la main. Elle retient ses longs doigts durant plusieurs secondes, noyée dans ses yeux pers.

— Ça me fait vraiment plaisir.

Léa, Gitane et Sam sont conviés à pêcher avec le reste du groupe. Sam propose à Léa de former une équipe. Simon entraîne Gitane au bord du parapet. Léa s'empare d'une canne et d'un paquet d'hameçons afin de monter une ligne, qu'elle leste avec un plomb. Elle croise les yeux de Sam, assis sur ses talons. Elle le toise à son tour, en retenant son souffle. Le moment se dilate. Il lui frôle les phalanges quand elle lui tend la canne.

— Let's go ! lui crie Gitane. Sors-nous-en trois d'une shot !

— Regarde-moi ben aller…

Il lance sa ligne à l'eau, lui insuffle un mouvement, puis se raidit d'un coup en changeant d'expression.

— Crisse, ça mord ! s'exclame-t-il.

La canne à pêche de Sam se tord dans tous les sens. Il tire avec vigueur pour la sortir de l'eau. Trois maquereaux s'y débattent, un croc dans la mâchoire. Sam a le regard fier et un sourire moqueur en se tournant vers Gitane, qui pêche maintenant près de lui. Léa décroche les prises, qu'elle maintient fermement à l'aide de sa main gauche. Des écailles argentées lui restent collées aux paumes. Sam lui souffle un baiser, puis se relève d'un bon, prêt à récidiver. Gitane pousse un grand cri en se cambrant vers l'arrière, ses deux bras en tension. Elle tire de toutes ses forces. Deux poissons frétillants viennent frapper le ciment. Simon en décroche un, qu'il met dans la chaudière après l'avoir saigné, en invitant Gitane à faire de même pour l'autre.

— T'es fou ! Je touche pas à ça !

— T'es quand même une championne, dit Léa derrière elle.

— J'veux pas faire ma fierpette, mais j'suis pas pire pantoute…

Sam jette un bref regard par-dessus son épaule. Léa lui dit alors qu'elle s'en va prendre une marche.

Elle revient sur ses pas pour remonter le quai et rejoindre la promenade, dont le premier tronçon est complètement détruit. Un trottoir temporaire permet de circuler en longeant les débris cernés de rubans jaunes marqués du mot *danger*. Léa se dit alors qu'elle est en zone friable, dans un endroit mouvant soumis à l'érosion. Le brouillard se déplace, comme s'il courait sur l'eau, dévoilant le Rocher et les côtes calcareuses qui entourent le village. Le ciel devient plus clair, percé par un soleil dont la chaleur l'étonne.

Léa revoit sa mère, à deux pas devant elle, sur la promenade intacte. Son sourire est radieux alors qu'elle se retourne en pointant l'océan, qui arbore les tons verts des récifs coralliens.

L'image est estompée par des souvenirs plus sombres, attachés à l'hôtel dont elle longe la façade. Léa pose son regard sur la suite de balcons tournés vers l'horizon. Suzanne les attendait en buvant du vin blanc. Léa s'était couchée, laissant une ouverture dans la porte coulissante. Glissée entre les draps, elle entendait les mots prononcés par sa mère au sujet de Nadine sur un ton étouffé. Elle semblait avoir peur que Martin l'abandonne pour son amie française et qu'il cesse de l'aimer.

Cette peur, encore présente dans son message d'adieu, avait troublé Léa. Sa mère paraissait faible, elle parlait d'une voix blanche. Était-ce vraiment possible qu'elle ait tout inventé, comme Gitane le pensait ? Le texto de Nadine était pourtant réel. Elle était au Québec et Martin l'avait vue sans le dire à Suzanne.

Léa secoue la tête. Elle prend une bouffée d'air pour libérer ses côtes du poids qui les comprime. Sam court à sa rencontre entre les trous béants et les blocs de béton de la promenade brisée.

— T'as pogné d'autres poissons ?

— Non, mais Gitane pêche ben ! Simon est en train de mordre...

— J'aimerais ça que tu m'embrasses.

Il lui prend le menton, en l'attirant vers lui. Léa renverse la tête, noyée dans le soleil qui dessine des taches rouges derrière ses paupières closes. Le baiser se prolonge et lui fait perdre le nord. Puis Sam lui prend la main, l'incitant à le suivre. Ils contournent les rubans, escaladent les murets à moitié effondrés qui délimitent la plage, y marchent en funambules, avant d'atteindre le quai, complètement essoufflés.

Gitane fait de grands gestes quand elle les aperçoit. Elle a mis sur sa tête la casquette de Simon. La chaudière à poissons est remplie à ras bord. Amélie la soulève et commence à marcher vers la rue principale en entraînant les autres. Simon dit à Léa qu'ils campent chez un ami, où ils vont faire un feu pour griller les poissons.

— Si vous voulez venir, vous êtes vraiment bienvenus. Gitane a d'jà dit oui.

Léa se tourne vers Sam, qui a l'air d'hésiter. Gitane pousse un soupir.

— C'est beau, les tourtereaux… partez donc de votre bord. On va se revoir demain !

Léa marche avec Sam sur le trottoir bondé. Les touristes font la file à l'avant des terrasses. Des odeurs de friture et de poisson pané s'échappent des restaurants. Un soleil incendiaire s'étale entre les toits.

Alors qu'elle tâte le sac qu'elle porte en bandoulière, Léa repère son cell. Il est désactivé depuis quarante-huit heures. Elle repense à Martin, et sa colère faiblit pour laisser place au doute. Alors qu'ils croisent un pub de bières artisanales, elle fait savoir à Sam qu'elle veut prendre un moment pour écrire à son père. La coop du village se trouvant juste derrière, il se porte volontaire pour aller faire des courses et lui emprunte sa carte.

Léa gravit les marches du bâtiment Robin, dont la peinture s'écaille. Elle repère avec peine une table inoccupée au fond de la terrasse. Une fille au crâne rasé vient noter sa commande et repart aussitôt. Elle sort son téléphone, qu'elle allume fébrilement. Huit textos de Martin apparaissent sur l'écran. Des explications floues à propos de Nadine, puis : *Dis-moi juste t'es où… Léa, il faut qu'on se parle… As-tu la moindre idée des peurs que je me fais ?* En choisissant ses mots, elle écrit qu'elle va bien, qu'elle veut parler aussi, qu'elle va rentrer bientôt.

Elle prend la pinte de rousse que lui tend la serveuse, en goûte la mousse amère, puis voit Sam apparaître en haut des escaliers, la cherchant du regard. En s'asseyant près d'elle, il ne peut s'empêcher de tapoter la table avec la carte bancaire. Elle lui prend le poignet avec une grande douceur et lui dénoue les doigts pour la récupérer. Sam, honteux de ses tics, lui adresse un sourire un peu désemparé et se commande une pinte, qu'il boit à longues gorgées tandis que le soir tombe sur la terrasse bondée.

À l'heure de l'apéro, Martin se sert un rhum et va le boire dehors, comme il le fait toujours. Le soleil se prélasse sur ses plants de tomates. Il fait danser l'alcool sur les bords de son verre, chasse une mouche à chevreuil qui lui bourdonne autour.

Le tintement d'un texto le tire de sa torpeur. La main un peu tremblante, il constate que Léa vient d'enfin lui écrire. Il relit son message une multitude de fois, sentant un relâchement à la base de sa nuque, et puis, comme une faiblesse, qui l'incite à s'asseoir sur les marches du patio. Il cherche à se contenir, mais les larmes montent d'un coup et il fond en sanglots, comme une digue qui se rompt. Après de longues secondes, il se redresse enfin, en s'essuyant les yeux. Il répond à Léa qu'il attend son retour, ajoute un cœur turquoise, puis appuie sur la flèche.

Il rentre dans la cuisine, qu'il se met à ranger pour retrouver son calme. Il essuie le comptoir, passe un coup de balai, vide le rack à vaisselle. Le bruit d'un ustensile qui tombe sur le plancher le ramène à lui-même. Une idée qu'il refoule depuis bientôt trois jours se fait plus insistante.

Il ouvre son compte Facebook pour retrouver Nadine, en inscrivant son nom dans la barre de recherche. Sa photo apparaît en troisième position. Son visage est caché derrière sa caméra. Ses cheveux roux bouclés lui descendent aux épaules. Il hésite un moment avant de lui écrire. Son amie lui répond dans la demi-heure qui suit.

9

Il se fait déjà tard quand Sam gare la Civic dans une ancienne carrière transformée en parking. Une lune orange et ronde éclaire les monticules laissés à l'abandon. Léa sort la première en claquant la portière. Ils repèrent un sentier qui mène à la rivière où ils comptent s'installer. Un grondement continu les incite à poursuivre entre les épinettes, dont les pointes effilées semblent frôler les étoiles. Un escalier abrupt débouche sur un bassin nourri par une cascade. Ils passent un pont branlant et vont poser leurs sacs sur la berge de cailloux. Un coin plus sablonneux est choisi pour la tente, qu'ils montent en discutant, avant de cuisiner sur le réchaud de camping.

La soirée est si chaude qu'ils ne font pas de feu. Les pieds dans le bassin, Sam a roulé un joint, dont il prend une bouffée. L'odeur enivre Léa, qui le porte à ses lèvres et s'étouffe aussitôt. Elle voit des patineurs qui se déplacent sur l'eau dans un drôle de ballet. En poussant Sam du coude, elle lui fait remarquer qu'il y a beaucoup de monde caché sous la surface : des bestioles minuscules qui se font des abris avec des petits cailloux, des œufs et des têtards agglomérés en tas, des tritons qui s'accouplent, des poissons carnivores qui grignotent les orteils…

— ... Et là, dans la forêt qu'on vient de traverser, y'a encore plus d'affaires. Y'a peut-être même un lièvre en train de nous espionner, caché derrière un arbre, une oreille dans les airs et l'autre toute repliée.

Sam est dubitatif.

— Écoute ! lui dit Léa.

Ils entendent un bruit sourd en amont de la rivière. Une bête qui lâche son souffle avant de détaler pour rejoindre la forêt, faisant craquer les branches qu'elle piétine au galop. Ils aperçoivent un faon, debout dans le courant. Leurs trois regards se croisent l'espace d'un court instant, puis l'animal bondit dans les traces de sa mère et ils le perdent de vue.

— OK, t'avais raison. C'est un maudit gros lièvre...

— Ha ! niaiseux... Mais pareil. Y'était tellement mignon !

— Ça te rend comique, le pot...

Léa ne l'entend pas. Elle a une autre idée.

— Tsé, mettons qu'tu pourrais devenir un animal. Lequel tu choisirais ?

Sam fait mine d'y penser.

— Une limace, ça serait drôle ! Avec des p'tites antennes qui bougent dans tous les sens. J'passerais la journée longue à produire de la bave qui m'aiderait à ramper au milieu des sous-bois. J'monterais sur les rochers, j'mangerais des affaires weird, pis j'penserais pus à rien. Là, je serais moins speedé. Un peu vedge, par exemple...

Léa éclate de rire.

— Moi, je serais un iguane. Je vivrais sur une plage, pis je me ferais bronzer du matin jusqu'au soir. J'aurais une belle crête verte avec des yeux de reptile, tsé, à moitié fermés, comme pour mieux réfléchir aux choses de l'existence…

— On serait des bêtes relax.

— Comme à soir, dit Léa.

Sam fait bouger ses pieds rougis par l'eau glacée.

— Tsé, quand j'étais un kid, on avait un chalet sur le bord d'un grand lac. Mon père faisait plein d'cash, parce qu'il était dentiste.

— Ah ouin ? Vous étiez riches ?

— On avait la maison, le gros char, toute le kit. Mais, y'est tombé dans' poudre. Tsé, les docteurs, des fois… Mon père, ça l'a ruiné. Y'a perdu sa clinique, pis y'est parti de chez nous en nous laissant dans' marde. Ma mère en arrachait avec ses petites jobines. On était vraiment pauvres. J'avais même pas quinze ans j'vendais déjà du weed.

— Comment elle est, ta mère ?

— J'sais pas, moi, comme une mère…

— Oui, mais quel genre de mère ?

— Le genre qui pète sa coche en rentrant du Walmart parce qu'a fait pas une cenne, pis que son fils la fait chier.

— OK, j'pense que je vois.

— La tienne, 'était comment ?

— 'Était un peu bizarre…

— Bizarre de quelle façon ?

— Je sais pas comment dire… Une genre d'artiste rêveuse. Tout le monde la trouvait belle.

Sam sort ses pieds de l'eau et s'appuie sur un genou.

— T'es pas mal belle aussi.

— C'est parce que t'aimes les nerds…

Sam la regarde longuement. Elle voit ses yeux qui brillent. Leurs visages se rapprochent. Ils s'embrassent timidement, se frôlent du bout des doigts, puis s'enlacent étroitement, avant de basculer sur les cailloux mouillés, leurs jambes entremêlées, en se cherchant des mains. Avides de se trouver.

Martin vient de s'asseoir au comptoir de l'îlot, un livre entre les mains. Il cherche à tuer le temps avant d'appeler Nadine. Les mots valsent sous ses yeux, se détachent de leur sens. Il quitte son tabouret et va à la fenêtre pour scruter les étoiles. Comme si, elles, connaissaient les mots pour s'excuser de rappeler une amie avec six ans de retard.

Il tâte le fond de ses poches sans trouver ce qu'il cherche. Son paquet de cigarettes est parti en fumée depuis la veille au soir. Il n'a pas l'habitude d'en passer un par jour. L'attente était trop lourde. Il résiste à l'envie de descendre au village et met de la musique pour ne plus y penser. Calé dans le sofa, il écoute les paroles et les notes envoûtantes d'une chanson qui l'apaise. Quand il relève la tête, l'horloge marque 22 heures. Il prend son cellulaire, compose le numéro. Quand son amie répond, il reconnaît sa voix, mais il la sent distante.

— Martin… ça fait longtemps.

— Comment ça va, Nadine ?

— Écoute, je vais plutôt bien. C'est étrange de t'entendre.

— Moi aussi, ça me fait drôle… J'appelle pour m'expliquer.

— Ah, bon. T'as pris ton temps…

Martin se racle la gorge. Sa poitrine se resserre alors qu'il voit Suzanne, derrière ses paupières closes. Son corps inanimé gisant sur le plancher. Il raconte à Nadine qu'il l'avait retrouvée en rentrant de chez elle, après le déménagement. Sa voix se fait plus faible, au moment où il dit que c'était un suicide.

— Martin… Je ne savais pas.

— J'aurais voulu t'appeler, mais j'étais pas capable. J'me sentais trop coupable d'être allé te rejoindre. De pas avoir compris à quel point c'était grave, à quel point elle souffrait. J'ai convaincu Léa de partir au BC pour enterrer sa mère. En rentrant au Québec, on a quitté Montréal pour le Bas-Saint-Laurent. On n'est jamais revenus.

— Je t'ai cherché, tu sais…

— Nadine, j'suis désolée…

Il peut entendre son souffle, à l'autre bout du fil. Elle laisse un long silence.

— Et qu'est-ce qui t'a poussé à m'appeler, soudainement ?

— Je pense que j'ai compris que j'pouvais plus me sauver. Que les choses nous rattrapent.

147

Martin fait le récit des derniers événements, lui parle de la cassette, du message de Suzanne, de la fugue de Léa.

— Je te donne mon avis ? finit par dire Nadine.

— Oui, vas-y, je t'écoute.

— C'est peut-être bénéfique d'avoir crevé l'abcès. Ça peut paraître cruel, mais c'était nécessaire, pour ta fille comme pour toi, d'entendre les derniers mots que Suzanne voulait dire – même si elle voyait flou. Quand Léa reviendra, vous pourrez en parler. Mais ça me semble normal, qu'elle ait voulu partir pour digérer tout ça. Elle n'est plus une enfant. Elle a des choses à vivre dont tu ne fais pas partie. Tu comprends ce que je veux dire ?

10

Léa tâtonne près d'elle, cherche le corps qui lui manque dès qu'elle sort du sommeil. Une marque au creux des reins, un dos long et noueux, une odeur de résine à la base de la nuque.

En dézippant la porte, elle jette un œil dehors, éblouie par la chute qui brille d'un vert d'émeraude. Elle met une camisole et enfile un short court, puis va jusqu'au bassin. Elle place ses mains en coupe et s'asperge le visage. À cet instant précis, une idée la traverse, faisant pulser la veine sur le bord de sa tempe.

— Ça se peut pas... murmure-t-elle.

Elle court sur les cailloux, traverse le pont branlant, regarde vers l'escalier, puis revient sur ses pas. Sur le seuil de la tente, elle déplace son bagage avec un geste rageur : celui de Sam n'est plus là. Elle prend le sac en toile qui ne la quitte jamais, le secoue à l'envers pour en vider le contenu. Elle fige quelques secondes, alors qu'elle aperçoit son portefeuille en cuir, tombé près de son pied. Avec des mains tremblantes, elle en sort toutes les cartes et voit qu'il en manque une, comme elle le redoutait.

Elle s'éloigne de la tente, respire difficilement, s'agenouille sur la berge. Elle sent un décalage entre la nuit et l'aube, un immense décalage qui lui donne le vertige.

— C'est quoi le rapport, ostie !

Elle éclate en sanglots, la tête entre les mains. Deux tornades successives, deux gouffres la même semaine.

— Ça va s'arrêter quand ?

Elle essaie d'appeler Sam, tombe sur la boîte vocale. Après trois tentatives, elle change de numéro. Une voix ensommeillée lui répond aussitôt.

— T'es de bonne heure, à matin !

— Gitane, Sam est parti ! Y m'a câlissée là, au milieu de la forêt ! Il a pris mon argent !

— Attends, de quoi tu parles ?

— Y'a pris ma carte bancaire avant que j'me réveille. Y connaissait mon NIP. J'avais mille piasses dessus !

— Esti qu'ça m'étonne pas. Je l'ai jamais trusté.

— Qu'est-ce que j'peux faire, astheure ?

— Y faut que t'appelles ta Caisse.

— J'vais pas être ben crédible…

— Essaye de prendre ça chill. On va venir te chercher. T'es où, exactement ?

Léa décrit l'endroit.

— J'vois ça avec Simon, pis j'te rappelle tantôt. Mais si tu capotes trop, tu m'appelles quand tu veux. J'suis là pour toi, ma belle.

— Merci. T'es vraiment fine.

Des touristes apparaissent en haut des escaliers, une serviette à l'épaule. Léa s'essuie les joues du revers de la main. Elle dégonfle les matelas et plie la couverture, pour démonter la tente. Elle s'assoit sur son sac et observe les familles, de plus en plus nombreuses, qui envahissent le site.

Son envie de se baigner monte avec le soleil. Elle sort son bikini, qu'elle revêt comme elle peut en se contorsionnant sous sa serviette de plage. Elle va jusqu'au bassin, s'immerge dans l'eau glaciale, sent son cœur s'emballer et cogner contre ses côtes. Elle a la sensation qu'on lui mord les mollets, le ventre, les avant-bras, alors qu'elle bat des jambes pour rejoindre la cascade. Elle s'adosse contre le roc, au milieu des embruns qui lui mouillent le visage. Des picots de couleur – rouges, bleus, orange et verts – valsent sous ses paupières closes. Les îles Haïda Gwaïi se dessinent dans sa tête. Elle se revoit, petite, les deux pieds dans une source. Souriant à son père, qui se tient près de Paul. L'espace d'un court instant, elle s'était sentie bien, infiniment vivante, sans le poids de Suzanne pour lui courber l'échine.

Il y a six ans maintenant que sa mère n'est plus là, et ce n'est ni Martin, ni Sam, ni même Gitane, qui viendront la sauver quand son monde vacillera comme la flamme d'une chandelle. Elle le comprend maintenant. Comme une révélation.

Elle nage en sens inverse pour regagner la plage. L'air sur son corps mouillé lui donne la chair de poule. Elle s'essuie rapidement, puis remet ses vêtements. En relevant la tête, elle aperçoit un couple accompagné d'un chien, qui alimente un feu pas loin de son bagage. Le labrador cannelle décide de la rejoindre en fonçant droit vers elle, s'arrête à sa hauteur et s'assoit à ses pieds, dans l'attente d'une caresse. Léa approche la main de son museau humide, en sent le souffle chaud. Elle lui gratouille le crâne, alors qu'il la regarde de ses grands yeux marrons.

— Lucky! Lucky! Viens-t'en!

« Lucky » ne bouge pas d'un poil quand sa maîtresse l'appelle. Léa se met à marcher, pour le ramener à elle. La femme lui fait un signe en nouant le cordon de son bikini noir. Ses cheveux, noirs aussi, coupés à la garçonne, encadrent un visage rond, qui s'illumine d'un coup quand elle retrouve son chien.

— Quesse tu fais, gros tannant! T'as trouvé une amie?

Elle se tourne vers Léa.

— C'est encore un puppy, il a même pas un an. Il court après tout le monde!

— Voyons! Y'est tellement fin! J'étais super contente qu'il vienne me rendre visite.

— Aimerais-tu te réchauffer? propose alors la femme, en pointant le feu de camp. Claude va nous faire un thé. Hein, Claude?... C'est mon mari. Moi, mon nom, c'est Johanne.

Léa hésite un peu, mais comme le couple insiste, elle s'assoit près du chien, qui vient poser la tête sur ses cuisses dénudées avec l'air satisfait.

— Moi, c'est Léa, dit-elle.

Claude fait un signe de tête tout en versant de l'eau dans une gamelle d'acier. Il la dépose ensuite sur une grille en métal. Ses bras minces et nerveux font chaque opération avec des gestes précis. Son visage basané aux traits bien définis est empreint de sagesse.

Il raconte à Léa qu'ils habitent Coin-du-Banc depuis plusieurs années, mais qu'ils viennent de Québec. Léa se laisse aller à parler à ces hôtes qui lui inspirent confiance. Elle leur dit d'où elle vient – ils sont déjà passés par Saint-André-sur-Mer, et ont été charmés par sa rue principale –, finit par leur confier qu'elle est partie de chez elle un peu sur un coup de tête. Elle venait à Percé quand elle était petite et voulait y revenir depuis déjà longtemps.

— Ma mère aimait beaucoup la vieille promenade en bois. Ça m'a fait vraiment drôle, la voir détruite de même.

Claude attrape la gamelle et la dépose par terre. Il ouvre une boîte de thé et en sort deux sachets qu'il plonge dans l'eau bouillante en observant Léa.

— J'me mêle pas de mes affaires, mais t'as l'air un peu triste.

Léa ravale les larmes qui lui montent à la gorge.

— Ça paraît-tu tant que ça?

— Un p'tit peu, dit Johanne, en lui touchant l'épaule.

— C'est vrai, j'me sens tout croche, à cause de plein d'affaires qui viennent de m'arriver... J'aimerais ça voir plus clair.

Claude embrasse la rivière, d'un grand geste de la main.

— T'es à' bonne place pour ça.

Il distribue le thé dans trois tasses isothermes. Léa, reconnaissante, porte la sienne à ses lèvres et sent un apaisement dès la première gorgée. Elle aime la saveur âpre et légèrement poivrée, qui lui colle au palais. Le crépitement du feu se mêle au bruit de l'eau et aux cris des enfants qui s'amusent sur la berge. Le bassin s'est rempli dans la dernière demi-heure : des jeunes qui se bousculent en brandissant leurs bières, des petits qui pataugent tenus par leurs parents, des touristes hésitants, qui tentent de se mouiller au-dessus de la taille, en relevant les bras et en rentrant le cou, dans une posture crispée.

Quand le couple lui propose de longer la rivière pour aller voir une fosse à une demi-heure de marche, Léa secoue la tête en poussant un bâillement. Elle s'allonge près du feu et s'endort aussitôt.

Léa est réveillée par le bruit d'une sonnerie. Elle tâtonne dans son sac pour prendre son téléphone.

— Allô, Léa, c'est moi ! On arrive dans une heure ! Y remontent toute à Montréal.

— Y'a-tu une place pour moi ?

— Ben oui, c'est ça l'idée, on passe par Saint-André. On va être là ce soir.

— Ça adonne bien, j'suis prête. J'aimerais garder ma job.

— C'est vrai que ce serait pas pire, parce que t'as pus une cenne.

— Bon point, concède Léa avec un ricanement.

— Coudonc, quessé qui s'passe ? Tu trouves ça drôle astheure ?

— Non, c'est toi que j'trouve drôle. Je commence à m'ennuyer…

— T'es trop sweet, mon amie. J'vais t'appeler du parking.

Léa se lève d'un bond pour accueillir Lucky, qui arrive en courant. Elle voit Claude et Joanne se pointer à leur tour. Ils reprennent leurs affaires, puis lui font l'accolade en lui souhaitant bonne chance. Elle les regarde partir, le cœur un peu serré, puis s'assoit près du feu qui finit par s'éteindre.

Léa grimpe dans le van, ses sandales à la main, puis rejoint son amie sur la banquette arrière. Gitane la serre contre elle. Assis sur un matelas, Sabrina et Loïc disputent une partie de cartes. Simon se tient tranquille, un livre entre les mains. François est à l'avant, à côté d'Amélie, qui a pris le volant.

La route est cahoteuse jusqu'à la 132, qu'ils rejoignent rapidement. Le paysage défile avec ses falaises rouges, son barachois turquoise et ses épinettes blanches. Léa remarque le manche d'une guitare acoustique qui dépasse d'un bagage.

— Elle est à qui, la guit ?

— À moi, dit Sabrina. Est-ce que tu veux en jouer ?

— J'aimerais ça, dit Léa.

Sabrina ouvre son sac et lui tend l'instrument, qu'elle accorde sommairement. Elle commence à chanter, ses cheveux détachés tombant devant ses yeux. C'est un texte de Cohen, aux strophes énigmatiques, qui parle d'une femme étrange. Une femme à moitié folle, qui vit au bord de l'eau et qui lui prend la main, lui montrant où chercher, parmi les tas d'ordures et les parcelles de fleurs, pour trouver les enfants qui se tendent vers l'amour.

11

Martin vient de s'asseoir à sa table préférée, dans le vieux presbytère transformé en brûlerie. Il agite distraitement un sachet de sucre brun, avant de le vider dans son café brûlant, couvert de lait fouetté. Il regarde les granules se dissoudre en coulant. Un pluvier fait le guet posé sur une roche plate, derrière la baie vitrée. Sa silhouette gracile se découpe sur le ciel. Il regarde à la ronde, avant de battre des ailes pour se poser plus loin, recommence son manège, puis arpente la batture par petits bonds rapides, picorant çà et là, pour trouver des insectes.

Martin cale son café et sort par la terrasse, où traînent quelques clients. Il descend l'escalier qui mène au bord de l'eau, s'allume une cigarette dont il souffle la fumée en direction du fleuve. Il sent un désir sourd, réprimé trop longtemps, qui cherche à s'exprimer dans les dernières lueurs qui flottent sur l'horizon. Un désir imprécis qui lui donne le vertige. L'éloignement de Léa l'amène à réfléchir à la vie sans surprise qu'il a choisie pour elle. Il a le sentiment qu'ils sont dus pour autre chose. Que le monde est plus vaste qu'un dépanneur central.

Il revient sur ses pas, remonte sur la terrasse, dont les lumières s'allument. Un jeune homme l'interpelle, en faisant de grands signes pour qu'il vienne à sa table. Martin note la Rolex et les vêtements griffés. La fille qui l'accompagne se tortille sur sa chaise pour remonter sa robe. Le jeune homme le regarde avec un sourire faux.

— Vous habitez ici ?

Martin opine du chef.

— On se demandait, comme ça… qu'est-ce que vous faites l'hiver ?

Martin pousse un soupir.

— Pis vous, qu'est-ce que vous faites ?

— Euh, scuse ? C'est quoi l'affaire ?

— J'vous renvoie votre question.

— J'pense qu'on s'est pas compris…

— Vous cherchez à savoir si on s'met su' l'chômage, quand l'été est fini ? Si on tète le système la moitié de l'année ? Si on mange d'la misère parce qu'on vit en région ?

Le jeune change d'expression et recule sur sa chaise.

— Dude ! c'est quoi ton problème ?

Le voyant s'échauffer, sa blonde lui touche le bras.

— Laisse faire, Patrice. Ç'correct.

Martin quitte la brûlerie par l'accès principal. Le gars sur la terrasse lui a gâché le moment. Il sort ses cigarettes, hésite quelques secondes, puis referme le paquet, avant de le jeter dans la première poubelle.

Il marche d'un pas rapide et retrouve sa voiture devant le dépanneur. En ouvrant la portière, il reste figé sur place. L'idée de rentrer seul lui est insupportable. Il va à la vitrine pour espionner Estelle, qui mâche une gomme balloune en feuilletant une revue. Elle porte des jeans serrés délavés à l'acide, un t-shirt noir moulant et sa chaînette en or. Ses cheveux permanentés et son eyeliner vert frappent à nouveau Martin. Elle semble tout droit sortie des années quatre-vingt. Native de Saint-André, elle est allée en ville pour voir Metallica quand elle avait vingt ans, puis n'est plus remontée plus haut que Rivière-du-Loup.

Alors qu'il passe la porte, elle sursaute légèrement au son de la clochette qui annonce les clients.

— Hey boss! Tout est correct?

Martin lui dit que oui en fixant les allées éclairées au néon. Quand il roulait vers l'Ouest, le commis d'un Couche-Tard lui avait demandé s'il voulait une «grande vie.» Il l'avait regardé avec un air perplexe, cherchant à donner sens à sa drôle de question. Quelques semaines plus tard, il n'avait pas fait mieux que d'ouvrir à son tour un commerce identique, rempli de sacs de chips, de canettes de liqueur, de promesses de bonheur sur des billets de loterie aux noms extravagants.

— Vous êtes pas en congé?

— Je venais prendre mon auto, pis j'ai eu le goût de jaser…

Il s'accoude au comptoir, laissant Estelle lui dire que la place était pleine en fin d'après-midi, qu'elle a manqué de change, mais qu'elle s'est débrouillée. Martin la remercie d'avoir pris la relève pour un bon nombre de tâches, en lui faisant comprendre que son aide est précieuse. Estelle rougit un peu, tout en bombant le torse.

Des clients se succèdent pour acheter leurs six-packs. Martin regarde l'horloge en se tournant les pouces. Il se sert un café puis va dans son bureau pour classer des factures et jouer au solitaire. Quelque chose le retient quand il pense à partir. Comme un pressentiment difficile à cerner. À 22 h 50, il entend la monnaie que laisse tomber Estelle dans le fond de sa caisse.

— Je peux finir le *close*, si tu veux y aller.

Estelle fait son dépôt, enfile son perfecto et le salue gaiement. Il la regarde partir, en essorant la moppe. Il éteint les lumières, barre la porte derrière lui et marche vers sa voiture. Des phares balaient l'asphalte dans le ronflement sourd d'un moteur au diesel. Martin retient son souffle. Son cœur bat la chamade. La porte du van coulisse et sa fille en émerge.

Léa gravit les marches qui mènent à la cuisine. Elle a senti une goutte lui tomber sur le nez. L'averse commence d'un coup. Une pluie fine et légère, qui tombe sans faire de bruit. Bien que son escapade n'ait duré que trois jours, elle a la sensation d'être partie plus longtemps quand elle dépose son sac près du tapis de l'entrée. Les objets familiers, qu'elle embrasse du regard, lui paraissent différents, comme s'ils avaient changé le temps de son absence, pour devenir plus réels.

Elle tamise la lumière et s'installe à l'îlot. Martin ouvre une armoire.

— Je vais te faire un café.

— Merci p'pa, c'est gentil.

Il comprime la mouture, s'assure que la machine est à température, puis visse le porte-filtre. Il choisit la tasse bleue – la préférée de Léa –, actionne le compresseur qui pousse un ronronnement. Léa, prenant sa tasse, l'entoure de ses deux mains, souffle sur le liquide chaud qui se ride légèrement. Elle est emmitouflée dans un chandail de laine dont les mailles s'effilochent au niveau des poignets. Ses cheveux dépeignés lui tombent sur les épaules. Ses joues rondes comme des lunes font monter la tendresse dans le cœur de Martin.

— Je t'attendais pas si tôt…

— J't'ai fait un peu flipper…

— Un peu, admet Martin.

— J'm'excuse d'être partie de même… C'était tellement pas cool d'entendre maman comme ça. J'ai vraiment capoté. Mais j'aurais dû te répondre. Ça m'a quasiment surpris que t'appelles pas la police…

— Je savais où t'étais.

— Comment ça, tu savais ?

Martin explique alors que la mère de Gitane jouait les intermédiaires.

— Ç'aurait pas été de ça, je serais mort d'inquiétude. T'étais sous le choc, Léa. J'avais aucune idée de c'que t'avais en tête… Quand j'ai eu des nouvelles, j'ai su que t'étais correcte. Que t'étais pas toute seule.

Il marque un temps d'arrêt.

— J'me sentais tellement mal de pas avoir fouillé dans la boîte de cassettes avant de te la laisser. J'peux pas imaginer ce que ça a été pour toi d'écouter son message. J'voulais pas te faire vivre ça... Mais je l'aimais, Suzanne.

Il hésite un moment.

— Je l'aurais pas trompée.

Léa sent une tristesse lui voiler la poitrine. Elle comprend que Martin n'était pas responsable de la mort de sa mère. Qu'il l'ait trompé ou pas n'y aurait rien changé.

— Papa, c'tait pas de ta faute. C'est la faute de personne.

Il la regarde longuement dans le bruit de la pluie qui s'est intensifiée.

— Je pense que ce serait mieux de détruire la cassette.

Léa entrouvre les lèvres. Elle imagine sa mère éclater en morceaux, comme une vitre qui se brise.

— Des fois, j'ai l'impression qu'elle arrête pas de mourir...

— Viens là, murmure Martin en se rapprochant d'elle.

Léa pleure dans ses bras, libérant d'un seul coup le flot des émotions qu'elle a accumulées depuis les derniers jours.

12

L'été tire à sa fin. La lumière est plus franche et l'air, un peu piquant. Léa file dans les rangs. Elle roule à toute vitesse, en dévalant les côtes qui conduisent au village. Elle croise la 132, emprunte un raccourci, gagne la rue principale pour longer les commerces et le fleuve Saint-Laurent qui brille comme un joyau. Un élan intérieur la pousse à pédaler avec une force nouvelle. Elle remonterait le fleuve pour gagner les Grands Lacs, les prairies, les Rocheuses, les îles Haïda Gwaïi.

Elle s'arrête un moment, posant un pied à terre pour retrouver son souffle en scrutant l'horizon. Elle réalise soudain qu'elle va bientôt quitter ce paysage ouvert qui lui colle à la peau comme un vêtement usé, et ça lui fait tout drôle. Elle laisse ses yeux glisser sur la courbe des montagnes, inspire profondément pour mieux sentir l'odeur de cet estran rocheux, devenue si familière. Elle voudrait emporter l'espace de liberté qui s'étale sous ses yeux, le vent qui se faufile entre les herbes hautes en les faisant plier, le bleu profond du fleuve. Elle donne un coup de pédale et va rejoindre Gitane devant le bar laitier, à l'autre bout de la rue.

Les filles se font la bise et se rendent au comptoir. D'un ton surexcité, elles commentent le menu durant de longues minutes avant de commander. Le cornet à trois boules que vient de prendre Gitane lui coule sur le poignet. En voulant s'essuyer avec un bout de kleenex, elle lâche un «tabarnak» quand le papier trop mince reste collé à ses doigts. Léa lui tend sa gourde en retenant un fou rire. Elles finissent leurs cornets à côté des poubelles, avant d'aller s'asseoir sur des chaises en plastique.

Léa renverse la tête. Le soleil se défait devant ses yeux mi-clos, empruntant les motifs d'un kaléidoscope. Gitane se ronge les ongles, en commentant un film qu'elle a vu récemment. Elle propose à Léa de lui teindre les cheveux – «En vert, ce serait malade» – puis se plaint du vent frais qui lui gèle les oreilles. Après un court silence, elle se décide enfin à faire à son amie l'aveu qui la tourmente.

— J'me pousse à Montréal.

— Qu'est-ce que tu me racontes là?

— Tu vas me trouver crinquée, mais j'vais rejoindre Simon… Tsé, j'ai le goût d'essayer. J'peux plus vivre chez ma mère.

Léa lui prend les mains, lui dit qu'elle est contente.

— T'es pas fâchée toujours? Moi, j'me sens vraiment mal. On vient juste de s'inscrire au Cégep de La Poc…

— J'irai pas, moi non plus. Je retourne au BC. Je m'en vais passer trois mois chez un ami de mon père, un bonhomme vraiment fin qu'on a connu là-bas. Je vais être monitrice dans une classe de français, à Queen Charlotte City.

— Ça sort donc ben de nulle part !
— J'pars le 23 septembre.
— Va falloir fêter ça !
— Avec de la Budweiser ?

Gitane éclate de rire. Léa la serre contre elle et lui dit qu'elle sent bon, avant de s'éloigner pour mieux la regarder.

— J'ai un cadeau pour toi !

Léa fouille dans son sac et en sort un collier orné d'une améthyste. Gitane attrape la chaîne et fait briller la pierre dans un rayon de soleil, avec l'air enchanté.

— Voyons ! C'est donc ben fin !
— C't'un genre de porte-bonheur que j'ai eu en cadeau, quand m'man venait de mourir. J'ai voulu te le donner pour que tu penses à moi.

Gitane est tout émue.

— Ça venait de qui, au juste ?

Léa se laisse surprendre à lui parler de Dawn. Elle évoque les mains douces qu'elle promenait sur ses joues, l'odeur de confitures en train de mijoter dans la maison centenaire et la sagesse du cœur qui l'avait consolée, du moins pour un moment, de la mort de Suzanne.

— Ça me ramène plein de souvenirs de retourner dans l'Ouest… J'pensais pus à tout ça.
— Tu vas vivre un beau trip.

Gitane tourne son regard vers le vélo vert pomme que trimballe son amie, avec l'air malicieux.

— Je t'amène à ta job?
Léa n'a pas l'air sûre.
— Enwouèye, ça va être drôle!
Gitane, déterminée, attrape la bicyclette et la pousse vers la rue, talonnée par Léa, qui essaie de protester, puis s'assoit de guerre lasse sur la selle en vinyle tandis que son amie, debout sur les pédales, cherche son point d'équilibre avant de prendre son élan. Les roues font des zigzags et les filles, mortes de rire, traversent la rue passante en poussant des grands cris. Elles ont le rouge aux joues, le vent dans les cheveux et toute une vie à vivre. Elles savent garder le cap, même quand le navire tangue, se tenant à la barre, sans se laisser démonter.

Assis à la brûlerie, Martin boit un café en regardant la rue. Il pianote sur la table avec nervosité. La place est presque vide après l'heure du dîner, en ce lundi tranquille, le premier de septembre. Le commis prend un bac rempli de vaisselle sale, qu'il amène à l'arrière. Quelques habitués consultent leur téléphone ou se parlent à voix basse, et le couple de touristes installé au comptoir se fait aussi discret.

Nadine arrive enfin, complètement essoufflée. Elle reste un court instant sur le pas de la porte, examinant la salle pour repérer Martin, qui lève le bras en l'air.

En lui faisant la bise, Martin flaire la cannelle dans ses cheveux bouclés. Seulement quelques pattes d'oie, qui accentuent son charme, révèlent le temps passé.

— T'as pas changé, dit-il.

— Toi non plus. C'est frappant, une vraie gueule de gamin.

— Tu trouves ? répond Martin, qui a fait un effort pour se tailler la barbe et dompter ses cheveux, toujours un peu rebelles.

Elle recule de deux pas, comme pour mieux l'observer.

— Ça me fait drôle de te revoir…

— À moi aussi, dit-il.

— Ça n'embête pas ta fille, que je vienne dormir chez toi ?

— Non, j'te jure, c'est correct. T'es vraiment la bienvenue.

— J'ai hâte de la revoir.

— Léa ? peut-être demain. Elle dort chez une amie.

Nadine a un drôle d'air. Ses joues rosissent un peu.

— Tu m'attends un instant ? dit-elle en se levant.

Elle revient peu après, un café à la main. Elle se montre volubile, comme à l'accoutumée. Emballée d'être passée par la route touristique, d'avoir fait la rencontre de maraîchers locaux où elle s'est arrêtée pour acheter des courges, d'avoir vu un renard sur le bord d'un fossé, une souris dans la gueule. Son entrain contagieux fait du bien à Martin, comme une bouffée d'air frais quand on sort d'une pièce close qui sent le renfermé. Elle finit par s'extraire de son long monologue pour se pencher vers lui d'un air attentionné, en lui touchant la main.

— Et toi, comment tu vas ?

Martin prend un moment afin d'y réfléchir, puis confie à Nadine combien il aime l'endroit où il s'est établi : le fleuve et son estran, la maison où il vit, l'esprit de communauté qui noue les habitants de son petit village. Mais il doit bien admettre qu'il espère autre chose que de finir ses jours au fond d'un dépanneur.

— Léa s'en va dans l'Ouest, jusqu'à Noël prochain. Après ça, elle repart pour aller au cégep.

— Y'a personne dans ta vie ?

— À part ma fille ? Personne.

Nadine a un sourire plutôt énigmatique.

— Bon alors, dans ce cas-là, j'ai une proposition. Je vais faire un tronçon du chemin de Compostelle, pour un reportage photo. Je décolle pour la France le 30 septembre au soir. Je cherche un partenaire pour écrire les vignettes. Je n'ai trouvé personne, enfin, jusqu'à maintenant. Bref, j'ai pensé, à toi. On s'entend bien, tu vois ?

Martin est médusé.

— Es-tu vraiment sérieuse ? J'ai fait de la critique, mais jamais de reportage…

— Bah ! Je te fais confiance. Tu sauras te débrouiller.

— Laisse-moi le temps d'y penser.

— Je te laisse une semaine, fait Nadine, malicieuse.

Il est 16 heures passées quand ils quittent le café. Nadine marche rapidement, comme si elle gambadait. Ses cheveux roux bouclés et ses collants rayés font penser à Martin qu'elle ressemble à un elfe investi d'une mission. C'est ce qu'il s'était dit, quand elle était entrée au journal étudiant, complètement essoufflée et bouillonnante d'idées, avec une pétition contre la vaisselle jetable dans leur établissement. Ses yeux verts pétillaient alors qu'elle lui parlait avec animation.

— Tu te souviens, au cégep, quand on s'est rencontrés?

— Et comment! dit Nadine. Dès que je t'ai aperçu, je n'ai plus su où me mettre!

— Voyons, de quoi tu parles? J'étais impressionné par ton air sûr de toi.

— Alors, je t'ai bien eu…

Elle sort ses cigarettes, en offre une à Martin qui la refuse d'un geste, content de lui annoncer qu'il a cessé de fumer depuis bientôt un mois. Elle siffle entre ses dents et lui demande son truc. Martin n'est pas certain qu'elle veuille vraiment le savoir, mais comme Nadine insiste, il attrape le paquet et le jette dans la benne devant son dépanneur

— Mais t'es complètement naze!

Elle ordonne à Martin de repêcher ses clopes avant qu'elle perde conscience, lui faisant remarquer qu'il s'avère impossible, voir non recommandé, qu'elle arrête de fumer sans le moindre préavis. Quand ils poussent en riant la porte du dépanneur, Estelle relève les yeux du billet qu'elle grattait avec un 25 cents. L'expression de surprise qu'il lit sur son visage fait comprendre à Martin combien il est étrange de le voir arriver en compagnie d'une femme. Il lui présente Nadine en attrapant deux bières, une grande bouteille de Schweppes et une boîte de sardines, pressé de ressortir aux côtés de la rousse.

Ils partagent une Auval, au pied de la galerie, puis récoltent des tomates et une botte de fines herbes dans un coin du jardin. Ils entrent dans la maison, ouvrant grand les fenêtres à côté du comptoir. Nadine débouche du rouge que Martin boit trop vite en attendant que l'eau bouille pour y faire cuire des pâtes. Nadine s'entaille un doigt en tranchant les tomates lorsque Martin l'effleure pour ouvrir un tiroir. Ils discutent joyeusement en se mettant à table, trinquent à leurs retrouvailles, mangent avec appétit, buvant les dernières gouttes de la bouteille de vin qu'ils venaient d'entamer. Puis en débouchent une autre.

Nadine retourne dehors dès la fin du repas. Elle retire ses sandales pour appuyer ses pieds, aux ongles manucurés, sur la rampe du patio. Martin, déjà pompette, prépare des gin tonics au comptoir de l'îlot. Une fine brume s'est levée avec le crépuscule et le chant des grillons se fait déjà entendre jusque dans la maison. Il verse le tonic froid dans les deux verres d'alcool, coupe une lime en quartiers pour décorer le tout, sort rejoindre son amie.

Quand il se laisse tomber sur la chaise de camping, elle lui dit en riant qu'il a l'air détendu.

— J'ai p't'êt' bu un peu vite…

Il remarque les fossettes qu'elle a au coin des lèvres et regarde discrètement ses ongles manucurés. Alors qu'elle s'intéresse à sa vie amoureuse, il finit par admettre qu'il a eu des passades depuis son arrivée à Saint-André-sur-Mer, mais rien de bien sérieux.

Nadine dit pensivement qu'il est un romantique, en manque de romantisme. Elle lui confie aussi que ses histoires d'amour ne marchent jamais vraiment. À son «âge vénérable», tous les hommes fréquentables se trouvent déjà en couple. Elle en a marre d'être seule, mais son métier nomade ne l'aide pas à se caser.

Un gros hanneton vrombit en percutant l'ampoule vissée près de l'entrée. Martin lève un sourcil. Il n'en a jamais vu à ce temps de l'année. L'intrus vient se poser sur la tête de Nadine, qui pousse un petit cri. Elle tente de le chasser, mais il reste agrippé à ses cheveux bouclés, tout près de son visage. Martin se penche vers elle pour attraper l'insecte entre le pouce et l'index, mais l'échappe aussitôt. La bête tombe à l'envers sur le plancher de bois, puis cherche à se déprendre en agitant les pattes dans toutes les directions.

— Mais c'est quoi cette bestiole ? crie Nadine, dégoûtée.

Le sourire de Martin désamorce sa colère et elle finit par rire en regardant l'intrus se remettre à l'endroit. Ils retournent à l'îlot pour boire un dernier verre. Martin appuie ses coudes sur le bord du comptoir, en regardant Nadine avec des yeux brillants.

— Qu'est-ce qu'il y a ? demande-t-elle.

— Le chemin de Compostelle. J'vais partir avec toi...

Nadine a l'air émue.

— ... J'veux que tu restes dans ma vie.

— T'es bourré, remarque-t-elle, en contournant l'îlot. Mais... ça te va plutôt bien.

Martin attrape une mèche de ses longs cheveux roux, qu'il fait glisser doucement entre ses doigts ouverts.

— J'peux dormir dans ta chambre ?
— J'aimerais ça, dit Martin, en l'attirant à lui pour poser un baiser sur l'une de ses fossettes.

Léa est de retour en fin de matinée. Dès qu'elle franchit la porte, elle aperçoit Nadine, assise dans sa cuisine, qui lit un magazine en buvant du café. Elle a les jambes croisées et balance son pied libre dans un rayon de soleil. Sa robe de chambre bordeaux lui couvre à peine les cuisses. Quand elle remarque Léa, elle lui sourit gaiement, en déposant sa tasse.

Léa est contrariée. Martin lui avait dit qu'elle serait partie tôt. Oui, elle était d'accord pour qu'il l'invite chez eux, mais voulait éviter d'avoir à lui parler, comme si de rien n'était. Éviter le malaise qui la gagne peu à peu, en la retrouvant là. Nadine sourit toujours.

— P'pa est déjà parti ? dit Léa d'un ton neutre.
— Oui, ça fait un moment. Tu veux boire un café ? J'aimerais bien qu'on discute.
— Mais pourquoi ? Je veux dire, on se connaît même pas...
— Bah, un petit peu, tout de même...

Nadine se lève de table et lui sert du café. Léa la remercie et s'assoit avec elle, un peu à contrecœur.

— Tu sais, je peux comprendre. Je suis p't'êt' pas la personne que t'as le plus envie de voir...

— Je sais pas, fait Léa, en détournant les yeux. Ça me fait juste bizarre.

Elle examine les traits de la femme aux cheveux roux, qui ravivent des souvenirs. Elle pourrait presque entendre le roulis des galets sur la plage de Percé, le crépitement du feu et le murmure des voix qui s'élevaient dans le noir.

La franchise de Nadine tend à la désarmer. Elle parle directement, et semble s'intéresser à ce qu'elle pense vraiment. Léa s'étonne elle-même de s'ouvrir sur les doutes qui la tiraillent encore et les contradictions que sa présence éveille, quand elle pense à Suzanne.

— C'est pas que je vous en veux, mais ça fait pas longtemps, l'affaire de la cassette.

Nadine l'écoute parler avec un air posé, sans donner l'impression qu'elle se sent accusée. Après un certain temps, leur discussion s'allège. Léa parle du voyage qu'elle se prépare à faire, de son amie Gitane, des projets qui l'animent. Les remarques de Nadine, parfois un peu loufoques mais toujours perspicaces, lui rendent sa bonne humeur. Elle finit par penser que son père serait bien avec une femme comme elle.

Sentant son ventre gronder, elle s'extirpe de sa chaise pour faire griller du pain. En épluchant le courrier posé sur le comptoir, elle découvre une enveloppe, format 8 ½-11, qui lui est adressée. Seul le sceau de la poste est là pour indiquer qu'elle vient de Montréal.

Un petit renflement en déforme l'extérieur. Léa a les mains moites en la manipulant. Elle se fait une tartine, qu'elle avale rapidement, puis se cherche une excuse pour aller dans sa chambre.

— Ne te gêne pas pour moi! dit Nadine gentiment. Je dois faire mes bagages. Je pars dans une demi-heure.

Léa monte à l'étage, va s'asseoir sur son lit, et décachette l'enveloppe dont elle sort le contenu : une liasse de billets que tient un élastique. Son pouls bat à ses tempes quand elle en fait le compte. Il y a bien mille dollars, comme elle le pressentait.

13

Léa resserre les ganses de l'énorme sac à dos posé près de son lit. Le vent agite les feuilles du peuplier faux-tremble, soulevant au passage le rideau coloré à la fenêtre ouverte. Elle passe une main distraite au bord de sa commode. Une fine couche de poussière lui reste collée aux doigts.

Un univers secret se déploie devant elle, avec ses partitions, ses clémentines séchées, ses romans fantastiques dévorés sous la couette par les longues nuits d'hiver. Elle regarde les bédés rangées sur une tablette, les photos de voyage qu'elle a collées au mur et la toile d'araignée qui s'étire au plafond. Une vieille peluche usée avec un bras en moins traîne encore dans un coin, près de la guitare sèche qu'elle a depuis l'enfance, et qu'elle a pris la peine de mettre dans son étui.

Léa se sent fébrile quand elle s'arrache enfin à sa contemplation. Elle ouvre son garde-robe dans l'espoir de trouver sa paire de bottines noires, qu'elle a perdue de vue à la fin du printemps. Tâtonnant à l'aveugle dans le fond du placard, elle sent la forme ronde d'un objet en plastique, recouvert de poussière. Elle essuie le bibelot du revers de sa manche avant de l'agiter, pour faire tomber la neige sur le Rocher Percé. Depuis combien de temps était-il caché là, à attendre qu'elle le trouve ?

Elle se revoit, petite, assise dans la voiture lessivée par la pluie, s'apprêtant à partir pour enterrer sa mère à l'autre bout du pays, la boule sur les genoux. Il lui paraît logique de la prendre avec elle, dans ce deuxième voyage vers l'archipel rocheux des îles Haïda Gwaïi. Une route qu'elle fera seule, à bord d'un autobus, pour trois jours et trois nuits.

— Léa ! lui crie son père, au pied de l'escalier. Ça serait le temps qu'on y aille !

— J'cherche encore mes bottines !

— J'viens juste de te les trouver, dans le garde-robe d'en bas !

— OK, j'm'en viens d'abord !

Elle se relève d'un bond, enfouit la boule à neige dans le fond de son sac, qu'elle hisse sur ses épaules avec difficulté, s'efforçant tant bien que mal de garder son ballant en fléchissant les genoux. Elle hésite un moment, puis empoigne sa guitare et va rejoindre Martin près de la porte d'entrée.

Il lui prend ses bagages et marche vers la voiture. Léa chausse les bottines, attrape sa veste kaki et met un bonnet noir sur ses cheveux défaits. Martin referme le coffre en la voyant sortir. Il revient sur ses pas pour verrouiller la porte. Sa fille le regarde faire, avec le cœur serré. Les gens de Saint-André ne ferment jamais à clef, sauf quand ils partent longtemps. Alors qu'il lui sourit en montant en voiture, elle trouve qu'il a bonne mine et se réjouit pour lui. Martin est amoureux et va rejoindre Nadine pour partir avec elle, le vendredi suivant. Ils se mettent à rouler en direction du fleuve.

— Papa, c'est tellement cool que tu fasses Compostelle. Avec Nadine, en plus.

— Merci Léa, t'es fine.

— J'ai hâte que tu m'appelles avec ton béret bleu au milieu des moutons.

— Tu me vois en vieux ringard ?

— Oui, p'pa, c'est en plein ça ! Un vieux ringard français.

Martin éclate de rire en garant la voiture devant le dépanneur. Avant de prendre la route, il a quelques détails à voir avec Estelle, qui va tenir le fort, le temps de son absence. Léa lui reconfirme qu'elle viendra le rejoindre à 14 heures tapantes.

Elle marche d'un pas rapide et rejoint le rivage, à l'arrière du commerce. Elle contourne les cuvettes, écrasant au passage des grappes de petites moules collées au littoral. Elle repère un érable qui tourne à l'orangé dans la cour d'une maison. Les feuilles qui s'en détachent tourbillonnent un moment avant de toucher terre. Tandis qu'elle s'accroupit pour relacer ses bottes, elle jette un bref coup d'œil par-dessus son épaule et voit quelqu'un qui court en faisant de grands signes. En plissant les paupières dans le soleil brillant, elle distingue un corps mince et un kangourou noir. Elle se redresse lentement, met sa main en visière. Sam lui fait déjà face, complètement essoufflé. Elle soutient son regard durant de longues secondes.

— Je sais que ç'a été long, mais fallait que j'te voie. J'pouvais pas juste t'écrire…

— Astheure que tu m'as vue, tu peux rentrer chez vous. On a pus rien à se dire.

— Léa, j'm'excuse, pour vrai. J'étais vraiment dans' marde !

— Come on ! Arrête-moi ça ! Tu m'as fait les beaux yeux pour me voler mon cash !

— Non, là, tu mélanges toute…

Léa baisse le regard.

— Tsé, la guitare Boucher ? A valait vraiment cher. L'espèce de receleur à qui j'l'avais piquée a retrouvé ma trace après une couple de jours. J'ai reçu son texto en plein milieu de la nuit, quand on dormait ensemble au bord de la rivière. Y'allait me casser la gueule si j'le remboursais pas. La seule idée que j'ai eue, ç'a été de prendre ta carte… J'ai vendu les pinottes pour te rembourser, toi… Mais ça m'a pris un boute.

Léa secoue la tête.

— Pourquoi tu m'as rien dit ? Tsé ? J'aurais pu t'aider, pis te l'prêter, l'argent !

— J'sais pas. J'ai paniqué…

— As-tu la moindre idée d'comment j'ai pu me sentir ? T'es disparu d'la mappe pendant deux mois complets ! Pas un texto, ni rien ! Pas un mot dans l'enveloppe avec la pile de cash ! Tu t'prends pour qui, au juste ?

Sam regarde ses souliers en faisant un rictus. On entend des outardes approcher du village. Leur grand V fend le ciel au-dessus de leurs têtes. Sam attend qu'elles s'éloignent, puis parle dans un murmure.

— T'as raison d'être en crisse.

— Je l'sais ben que j'ai raison, dit Léa, plus doucement.

— Tsé, j'essaye de changer. J'me tiens vraiment tranquille. J'viens d'm'inscrire aux adultes, pis j'prends même des pilules pour mon TDAH.

— Tant mieux, commente Léa dans un haussement d'épaules.

— … C'tait le fun pareil au Bic…

Léa soupire longuement, mais ne peut s'empêcher d'esquisser un sourire.

— Oui, c'était quand même cool.

— Quesse tu fais aujourd'hui? demande Sam timidement.

— Ça se trouve que j'pars dans l'Ouest. J'monte à Montréal tantôt pour pogner l'autobus…

— Ah ouin! Pour combien de temps?

— Pour les trois prochains mois.

— Vas-tu ramener un bloke?

— Pas encore décidé.

Sam lui fait une œillade, avec l'air amusé. Quand Léa fait demi-tour, il lui emboîte le pas. Elle lui dit d'un ton neutre qu'elle a deux heures à tuer et qu'elle s'en va au parc.

— J'peux-tu venir avec toi?

Elle sourit à nouveau en lui donnant une bine.
— T'es donc ben tache à marde!
— Wow. On dirait Gitane.
— A doit déteindre sur moi...
— Qu'est-ce qui se passe, avec elle?
— Elle est partie en ville pour rejoindre le grand roux.
— Le gars de la Westfalia?
— C'est ça, le beau Simon.
— Faque, 'est comme, en amour?
— On pourrait dire que oui.

Sam s'approche de Léa jusqu'à frôler sa main. Une autre volée d'outardes vient enterrer leurs voix alors qu'ils disparaissent dans les rues du village. Les oiseaux migrateurs envahissent la batture dans un immense vacarme. Comme s'il n'y avait plus qu'eux, en ce début d'automne, à Saint-André-sur-Mer.

NOTE

La référence aux *feuilles agitées qui haussent le volume du vent*, en p. 83, provient du poème *Page de nuit*, de Pierre Nepveu.

Les chansons citées dans le livre, et leurs paroliers : *I Am a Rock*, de Paul Simon (Simon and Garfunkel) ; *Suzanne*, de Leonard Cohen ; *On Top of Old Smokey*, chanson traditionnelle enregistrée par Burl Ives, entre autres ; *Sweet Child O' Mine*, d'Axl Rose (Guns N' Roses) ; *Stolen Dance*, de Clemens Rehbein (Milky Chance).

REMERCIEMENTS

Merci à Bilbo Cyr et Marie-Ève Trudel Vibert, de m'avoir accompagnée, chacun à votre façon, à différentes étapes du processus.

Cet ouvrage composé en Bembo corps 12,5 a été achevé d'imprimer au Québec
en août deux mille vingt-trois sur les presses de Marquis Imprimeur
pour le compte de VLB éditeur.